ほんほん

本の旅あるき

HonHonHon no Tabiaruki

はじめに

二〇〇五年四月に、東京の谷中・根津・千駄木、通称「谷根千」エリアで、ぼくたちが「不忍ブックストリートの一箱古本市」を始めてから、もう十年が経ちます。

町のお店や施設の軒先を借りて、ひとりが段ボール箱ひとつ分の古本を売るというこのイベントは、その後、各地で開催されるようになりました。

そして、地方の一箱古本市に店主として参加したり、トークのゲストに招いてもらったりするうちに、古本を詰めた箱とともにぼく自身も各地を旅するようになっていったのです。

この本は、そうして訪れた町で会った人や、行った場所を綴った旅の記録です。そういう本は世の中にすでにたくさんあるでしょう。ただ、ぼくの場合、並外れた本好きであるために、どんな町に行っても本の匂いをかぎつけてしまい、その方へと足が向くのです。

本屋や図書館、地元で出されている雑誌に出会うと、その町への親しみが湧きます。好きな作家に縁のある町にも、行きたくなります。一箱古本市は本を軸に町を編集しなおすイベントだとぼくは考えていますが、灯火《ともしび》のように本を掲げて町の中に入り込んでいくのが、ぼくなりの旅の方法なのだと思います。

各章には年月が記されていますが、何度も訪れている町については その前後の訪問を含みます。また、お店やプロジェクトなどについては、現在では大きく状況が変わっている場合もありますが、本書では触れていません。ご興味をお持ちになった方は、ぜひその町を訪ねてご自分の目で確かめていただくようにお願いします。

では、ずだ袋のようなバックパックに着替えと何冊かの本を詰め込んで、履き古した靴で旅に出かけます。「ほんほん」と暢気な鼻歌を口ずさみながら。

早稲田、五十嵐書店にて

もくじ

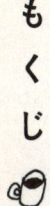

ブックデザイン――新井大輔
イラストレーション――佐藤純子

朝市と三人の木村さん

盛岡（岩手県）

～二〇一一年五月～

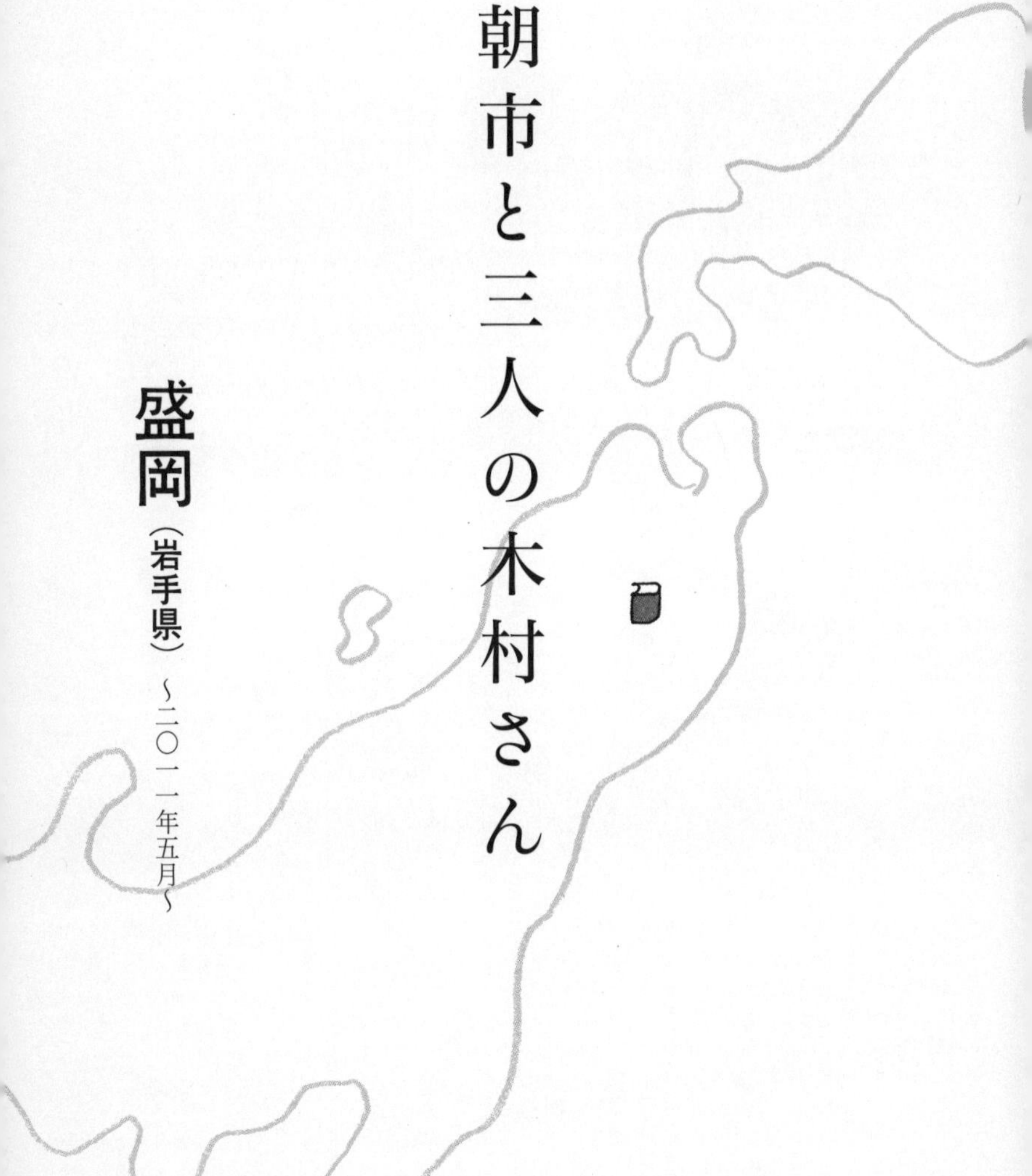

盛岡の旅あるきMAP

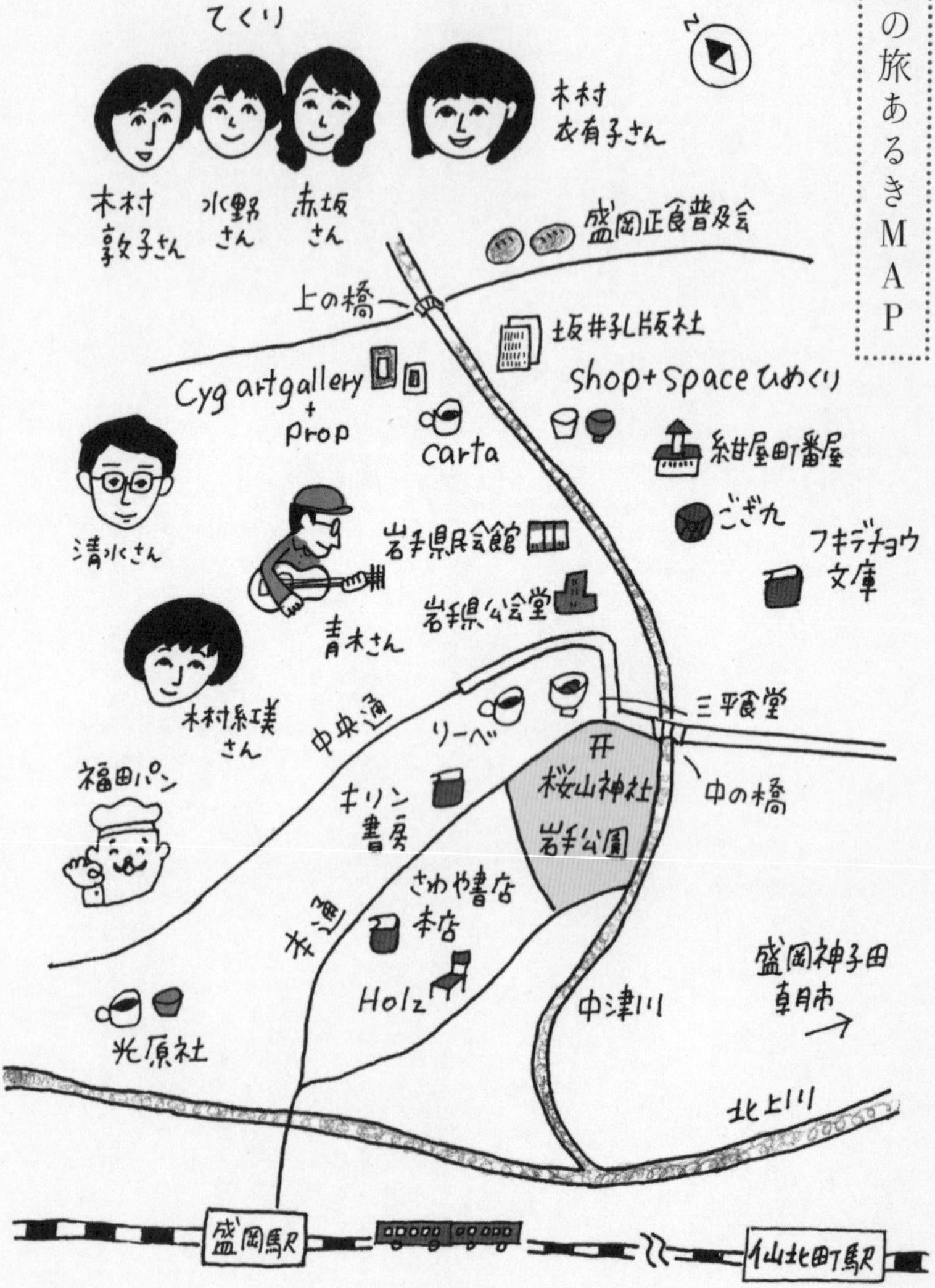
てくり
木村 敦子さん
水野 さん
赤坂 さん
木村 衣有子さん
盛岡正食普及会
上の橋
坂井活版社
Cyg artgallery + prop
shop+space ひめくり
carta
紺屋町番屋
清水さん
ござ九
岩手県民会館
フキデチョウ 文庫
岩手県公会堂
青木さん
木村絲渼 さん
中央通
リーベ
三平食堂
中の橋
福田パン
キリン 書房
桜山神社
岩手公園
さわや書店 本店
大通
Holz
盛岡神子田 朝市
中津川
光原社
北上川
盛岡駅
仙北町駅

こんなにたくさんの人が、どこから集まってくるのだろう?

ここに来るたびにそう思う。

ここ、というのは、神子田《みこだ》の朝市のことだ。盛岡市の中心地から車で十分ほどの住宅街の一角にある。おおざっぱに仕切られたスペースには爺さんや婆さんがもれなく陣取り、歩く人に声をかける。売っているモノは、野菜、干した魚、漬物、瓶に入った得体のしれないナニか、鉢植え、サンダル、作業着……。何でもアリだ。コーヒーを挽き売りするスタンドや、九十歳のミヨちゃんがやっているラーメン屋、長蛇の列のできる大福の店もある。

前夜の飲み会で、日曜以外は毎朝、一年中やっている朝市があると聞いて、東京から来た友人を誘って、行くことにした。まだ酔いがさめない頃に起きだして、岩手銀行の旧本店まで歩く。レンガ造りの重厚な建物の前で待ち合わせて、タクシーで朝市へ向かう。

まだ六時なのに駐車場はもう一杯。入口のあたりでは、いまやって来た人、これから帰る人が入り混じって、まるでお祭りの日のようだ。こんな賑わいが毎日繰り広げられているのだろうか。トラックの荷台に、パソコンの本体とか何かの通信機器とかのジャンクなものが置かれている。こんなの買う人いるんだろうか。

市場に来ると、なんだか心が騒ぐ。ふだんはめったに動かない買い物ごころを刺激されるのか、あれもこれも欲しくなる。ニンニク一キロで八百円、高菜の漬物が一袋で三百円。あまりに安いのでつい買ってしまう。もっとも、旅先なのでナマモノは持ち歩けない。味噌、醤油、漬物、調味料などが狙い目だ。無造作にビニール袋やペットボトルに入っている。ここには印刷されたパッケージ入りの製品はひとつもない。中身が判らない時には、そこにいる人に尋ねたら訛りの強い言葉で丁寧に教えてくれる。これ以上ないというほどネイティブなモノが数百円で買えるので、駅や空港の土産売り場に行くのがアホらしくなる。

屋台も並んでいて、食欲がうずく。朝市食堂のラーメンを食べただけではおさまらず、郷土料理の「ひっつみ」を食べる。友人はさらに大福にも行列していた。

池田信一『東北朝市紀行』（こぶし書房）には、五十か所以上の東北の伝統的朝市が紹介されているが、神子田は取り上げられていない。八とか三とかが付く日（市日）に開催される生活市ではなく、観光化された朝市だと判断されたのだろうか。たしかに、ぼくたちも含めて観光客はいるが、それ以上に近所から集まる人が多いように感じた。売り子のおばあさんたちも、半分はお喋りに来ているようだ。

大きな旗を持ったコート姿のおじさんとすれ違う。町会議員（?）さんで、毎朝、ゴミを捨てないよう呼びかけに来ているという。

ホテルに帰ると、まだ八時。一箱古本市の準備が始まるまでには、まだちょっと時間がある。朝市で買ったものをテーブルに並べ、お茶を飲んだ。

地域雑誌が始めたイベント

盛岡に初めて来たのは、いつだったろうか。

大学生の時、青春18きっぷでいろんなところに行った。遠野や釜石にも行ったが、盛岡には降りなかったと思う。卒業後しばらくしてから、サークルの友人と十和田湖近くの温泉に泊まりに行ったとき、盛岡で乗り換え、ほんの数時間、町を歩いている。名物という看板につられて、駅前で食べたじゃじゃ麺があまり美味しくなくて、その後もなんとなくじゃじゃ麺は食べずにいる。もっとも盛岡の三大麺と云われる、わんこそば、冷麺ともに、あまり食指が動かない。

ぼくが好きな盛岡の麺は、桜山の飲食街の〈三平食堂〉のすりごまラーメンで、注文すると

神子田の朝市。
早朝の空気は澄んでいる

朝市で買ったもの。
味噌や漬物が多い

岩手銀行旧本店本館。
辰野金吾らの設計で、
1911年（明治44）竣工

客はどんぶり鉢に入ったゴマを擦りながらラーメンが出来上がるのを待つ。食べ終わると、厨房との仕切りの台にお金を置き、ざるの中に入った釣銭を自分で取って店を出るのだ。

それから数年して、雑誌の取材で盛岡に来た。年末だったか、雪が多く普通の靴では歩きにくかった。大通にある〈さわや書店〉は、当時の伊藤清彦店長の熱意と工夫で、全国的に知られる新刊書店になっていた。雪が吹き込んできそうな入り口では、来年の手帳を並べた隣で国書刊行会のフェアをやっていたのが忘れられない。その向かいにある書店も、名前は忘れてしまったがいい品揃えで、盛岡に住む人は幸せだなと思ったものだ。

盛岡の町には北上川と中津川が流れていて、中津川には上《かみ》の橋、中の橋、下《しも》の橋が架かっている。上の橋のたもとに、たしか〈上の橋書房〉という古本屋があって、バラックのような木造の店だった。いまはもうなくて、その近くに別の古本屋がある。岩手公園の前には〈キリン書房〉という古本屋があって、二階に戦前の本が無造作に置かれていた。そこで昔の科学雑誌を一揃い買ったはずだ。古本屋地図にはかなり離れたところにもう一軒古本屋があり、雪を踏みしめてわざわざ歩いて行ったが、休みなのか閉店したのか、まったく開く気配がなかった。

盛岡との縁はそれぐらいの薄いものだった。

しかし、二〇一一年にふたたび盛岡との縁ができ、その縁は年々濃くなっている。この年から始まったブックイベント「モリブロ」に、毎年参加しているからだ。

モリブロを主催しているのは、盛岡で発行されている『てくり』という雑誌だ。盛岡に住むフリーの女性ライターたちが自力で発行しているもので、地元の生活や仕事について丁寧に取材し、きれいな写真と落ち着いたデザインで見せる。タウン誌的な情報はほとんどなく、広告も載せない。時事的なネタは扱わないが、桜山地区が再開発されそうになった際には、断固として反対するという硬派な面もある。彼女たちの頑張りもあって、桜山の古い町並みは残され、一箱古本市の会場として使われることになる。

同誌を発行する「まちの編集室」には木村敦子さん、赤坂環さん、水野ひろ子さんがいる。女性三人で出す雑誌と云えば、『地域雑誌 谷中・根津・千駄木』が思い浮かぶ。不忍ブックストリートを始めるとき、この雑誌の森まゆみさん、山﨑範子さん、仰木ひろみさんにいろいろと世話になった。こんどは盛岡の女性三人に世話になっている。

あるとき、文筆家の木村衣有子《ゆうこ》さんから電話があった。木村さんは盛岡をしばしば訪れ『てくり』にも寄稿している。彼女が書いた記事で、詩人の立原道造が盛岡の印象を綴った『盛岡ノート』が復刻されたことを知り、それを取り寄せたところだった。

「いま盛岡で木村さんと一緒にいるの」と木村さんが云う。飲み屋にいるらしく、電話の向こうが騒がしくてよく聴き取れない。代わって電話に出た女性は、

『てくり』をつくっている木村敦子と名乗り、「こんど一箱古本市やるから、出してくださいよー」と明らかに酔っぱらいの声でなれなれしく話した。なんて失礼な女だと思いつつ、話を聞くと、イベントで古本を売りたいという。市内から離れたギャラリーで近々開催ということだったので、そのときは参加できなかった。あとで聞いたら、リンゴ箱に古本を入れて並べたらしい。

　木村敦子とはその後、仙台や東京で会う機会があった。サバサバした人柄が気に入り、衣有子さんとの「ダブル木村」と飲んだりした。

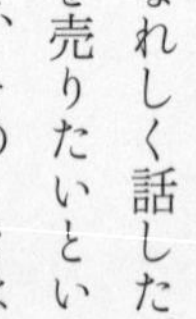

木村衣有子さん

　その『てくり』がブックイベントを始めるというので、参加するのを楽しみにしていた。この年は仙台、盛岡、秋田、会津でブックイベントがあり、その四か所に「東北ブックコンテナ」という地域の本と物産を販売するイベントが巡回するという。なんだか、東北の本の動きが盛り上がっているのを感じた。

　そこに東日本大震災が起こり、状況が大きく変わった。

　被災地では何千人もの人が避難所で暮らし、春先に予定されているイベントはほとんどすべて自粛された。こんなときに東北でブックイベントを開催するのは無理かもしれないと、本のことしか頭にないぼくですら、おもった。

　しかし、この年五月、モリブロは予定通り開催され、六月の仙台もそれに続いた。秋田と会

津でも開催された。

このとき、木村敦子たちがどんな思いで開催を決めたのかは、ぼくには判らない。酔っぱらったあげくのノリで決めたのかもしれない。ただ、この年にモリブロがスタートしたことが、東北だけでなく各地の本好きを勇気づけたのは間違いない。

桜山の参道を抜けて

盛岡の一箱古本市は、桜山神社の参道で行なわれる。

桜山神社は岩手公園の一角にある。この公園は城があったところで、もと不来方《こずかた》城といった

三平食堂

ひめくり。
店の前には中津川が流れる

『てくり』第11号（2010年6月)。
特集「光原社All about」。
のちに別冊として刊行

がのちに盛岡城と改められた。石川啄木の「不来方の　お城の草に　寝ころびて　空に吸われし　十五の心」の歌碑が立っている。

神社から大通を渡ったところが参道で、先に触れたように飲食店が並んでいる。盛岡にはいい喫茶店が多いが、ここにある〈リーベ〉は紅茶が美味しい店。夜遅くまで開いていて、二階には常連が集まって愉しそうに話している。

夜に比べると昼間は静かなこの参道に、一箱古本市の箱が並ぶ。県内だけでなく、仙台や秋田からも出店している。店主もお客さんも、とくに口には出さないけれど、本を手にできる喜びが伝わってくる。不思議な連帯感があったようだ。

〈とりら古書店〉は岩手の民俗芸能を保存する会が出した箱。『とりら』という雑誌が面白く、南陀楼綾繁賞を差し上げた。あとで、ツルカメ七頭舞の実演もあった。

参道を抜けると、真正面に岩手県公会堂がある。一九二七年（昭和二）に完成し、県会議事堂や西洋料理店があったという。二階への階段や、大ホールの雰囲気は重厚そのもの。この建物の全体をモリブロのために安く借りることができたと聞き、東京でいつも会場探しに苦労している身にはうらやましい。

盛岡にゆかりのある人が選んだ本を本棚に並べた部屋や、長く続いている地域誌『街もりおか』のバックナンバーを展示した部屋、『てくり』がセレクトしたコーヒーや菓子を出すカフェなどがある。夜には大ホールでアン・サリーのコンサートもあった。

公会堂の裏手には岩手県民会館があり、すぐそばに中津川に架かる与の字橋がある。川に沿って北に向かうと、〈ｓｈｏｐ＋ｓｐａｃｅひめくり〉がある。『てくり』がプロデュースする、生活の品や本、リトルプレスを置く店。今回は「東北ブックコンテナ」の会場になっている。ここでモリブロのスタッフから、「モリブロくん」なる着ぐるみをかぶせられた。

そのまま川沿いに歩くと、〈坂井孔版社〉という看板が目に入る。ハガキから会議資料まで各種印刷、とある。いまでも謄写版で印刷しているとはちょっと思えないが、営業はしているようだ。

まっすぐ行くと上の橋。その裏手が紺屋町といい、とくに古い町並みが残っているようだ。盛岡正食普及会、紺屋町番屋、荒物の〈ござ九〉などの建物も味がある。ひとめぐりして上の橋を渡り、川沿いの公園の前にある喫茶〈ｃａｒｔａ〉に入る。席に着こうとしたら、どこかで聴いたギターの音が流れている。青木隼人さんのＣＤだ。歌はなく、メロディーもあるようでないようで、不定形であり、流れていくような音楽だ。店主の加賀谷真二さんに聞くと、青木さんの音楽が好きで店内でライブをしてもらったこともあるという。持っていないＣＤがあったので、その場で買う。旅の途中で立ち寄るちいさな店には、青木さんのファンが多いようで、その後、いろんな場所で聴

青木さん

きなれた音に触れることになった。

この店の裏には〈Cyg《シグ》 art gallery〉がある。ここで二〇一二年から始まった「ZINE《ジン》 STOP TOHOKU」（のちに「ART BOOK TERMINAL TOHOKU」）は、東北で発行されているZINEやミニコミなどの自主出版物を百五十点以上集めて展示するもので、その場で現物が買える。ミニコミ好きなので、つい何冊も買い込んでしまう。若い世代の自己表現として、写真やイラストをまとめたZINEには正直食指が湧かないが、衝撃的だったのは小学生による冊子だった。Cygの隣にある〈prop〉で行なわれている「こどもびじゅつ部」のメンバーが、自分のアイデアでつくったもので、発想やページの使い方が型破りで面白い。

なかでも、小学四年生のTOKOちゃんがつくった『定規なし何分で書けるスケッチ』には驚いた。タイトル通り、各ページに載っている「ニコニコしてるのり」や「シンプルなインク」や「まるっこいペン」の絵を描くのに何分何秒かかったかを計測しただけのもの。なんでそんなコトするの？　と思いつつ、笑ってしまう。目次や「おわりに」まである雑誌っぽい体裁を小学生がよく思いついたなと不思議がっていたら、Cygの清水真介さんが「この子、木村敦子さんのお子さんなんですよ」と教えてくれた。道理でと納得した。彼女がこの先もこういうものをつくり続けたら、ひょっと

したらスゴイ出版人になるかもしれないな。

福田パンと宮沢賢治

モリブロの一か月間には、メイン会場以外にも、町のさまざまな店で展示やフェアがある。最初の年から三十以上の参加企画があったが、その後も増えている。この中には、『てくり』に登場する店がかなりある。二〇〇五年の創刊以来、同じ方針で出し続けてきたおかげだろう。二〇一三年には宮沢賢治の没後八十年にあわせて、「賢治さんと本と街」をテーマとした企画が並んだ。

桜山での一箱古本市（2011年）。開催年によって会場は変わっている

岩手県公会堂

モリブロくん。さまざまなゲストがこれをかぶっていた

ZINE STOP TOHOKU。人気のタイトルは期間中に売り切れることも

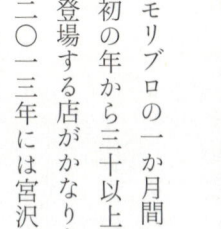

このときに、ぼくはもう一人の木村さんに会っている。

塚木新婚の家の近くに、〈福田パン〉の本店がある。帽子をかぶったおじさんのイラストがかわいい。店内に入ると、パンが並んでなくて戸惑う。カウンターの上に、立ち食いそば屋のようなメニューがあり、そこでクリームを選ぶと、おばさんが缶からヘラですくってコッペパンに塗ってくれるのだ。初めてなので勝手が判らないが、前の人を見ると、ひとつのパンに複数のクリームを入れてもいいようだ。そこで、ヨーグルトクリームとホイップクリームを塗ったやつとカレーパン（サラダ入り）を注文した。さっそくイートインコーナーで食べる。

パンはでっかくて、クリームが全面に塗られているので、一つ食べると満腹する。後から来た人の注文を聞いていると、千差万別で面白い。ときどき「オリジナル」という言葉が飛んでたが、どういう符牒なのか？

福田パンは給食、スーパーでの販売などで、盛岡人に愛されている。会う人に何味が好きか訊いてみると、ついでに自分の福田パン体験を語ってくれるので面白い。

モリブロの会場で、作家の木村紅美さんに声をかけられた。木村さんとは東京で一度お会いしている。実家のある盛岡と東京を行ったり来たりしているという。

福田パンの話をすると、その名もずばり『福田パン』という短篇を書いたという。

『イギリス海岸』（メディアファクトリー）に収録されている。この本に、「イーハトーヴ短篇集」の副題があるため、モリブロの企画としていま、家具の店〈Ｈｏｌｚ《ホルツ》〉でこの本がディスプレイされているという。さっそくその店に行き、本を買った。

ホテルに帰り、残ったカレーパンを食べながら、『福田パン』を読む。性格も行動も違う双子の姉妹が、故郷から離れた東京で再会する。

「これ、アンバター」

福田パンの袋を差し出すと、

「うわぁ、超、超、なつかしぃー」

顔全体をパッとかがやかせ、受け取った。その瞬間、ふいに、一緒に暮らしていたころの空気が、私たちのあいだによみがえっていたように思えた。

ひとつのパンが思い出をよみがえらせる。いい小説だった。一番人気の「アンバター」を買わなかったことをちょっと後悔する。

この一篇がきっかけで、東京に戻ってから、木村紅美さんの小説をまとめて読んだ。決して派手とは云えない作風だが、不器用に生きる登場人物たちに共感する。そして、どこが舞台になっていても、勝手に盛岡の町に当てはめて読んでしまう。

『イギリス海岸』には中庭という作品もあり、これは材木町の〈光原社〉がモデルになっている。工芸品を販売する店と喫茶店。中庭には「宮澤賢治　イーハトーヴ童話　注文の多い料理店出版の地」という石碑が建てられている。

光原社は元は、賢治の学友だった及川四郎がこの本を出すために設立した出版社だった。この名前は賢治が命名した。本はまったく売れず、経営上の危機を招いたことから、及川は鉄瓶や漆器の販売に乗り出し、柳宗悦らの民藝運動にも連動するようになったという（てくり別冊『光原社　北の美意識』）。

光原社のある材木町では毎週土曜の夕方に「よ市」が開かれ、店舗のほか、野菜や食品などの屋台が並ぶ。盛岡のベアレン醸造所の直営レストランもあり、そこが路上で売っているクラフトビールを飲む。神子田では朝市、こちらは夕市だ。どちらも楽しい。

「本の町」への第一歩

盛岡と本について、最後に書いておきたいことがある。

二〇一二年のモリブロで、「『本の街もりおか』の可能性を考える」というトークの司会をした。

出席者は大学の先生や、市の職員で大学に出向中の人、そしてさわやの栗澤順一さんだった。

盛岡を本の町にしようという活動を始めた三人ということだったが、そのトークの中では具体的になにをしようとしているのか判らず、話を聴きながらちょっとイライラした。当時、各地で「本の町」を冠するイベントがあったが、正直云って、漠然とした目標にしか見えなかった。しばらく前に「アートの町」が方々にあったのが、本に変わっただけじゃないかという皮肉な見方もしていた。

そのときのトークで出た案も、「町の中に本棚を置く」といったありがちすぎるもので、これまで『てくり』やモリブロがやってきた動きとはあまりに位相が異なるというか、「本」について突き詰めて考えてないように、ぼくには思えた。その場でそのことをはっきり云ったの

福田パン長田町本店。
駐車場は朝から満杯だった

Holzに置かれた『イギリス海岸』。
装幀は盛岡生まれの
名久井直子さん

光原社に建つ
『注文の多い料理店』の石碑

で、微妙な空気で終わった。

ちょっと云いすぎたかなと思っていたのだが、二年後に木村敦子から「あのトークを聞いて発奮した人が、盛岡で本のあるスペースをつくりましたよ」と教えられた。

中津川に近い葺手町《ふきでちょう》商店街の中ほどに、「フキデチョウ文庫」という小さな看板があった。中に入ると、本棚が目に入る。二階への階段にも本が並んでいる。全部で六千冊ほどあるそうだ。オープンは二〇一三年七月。

本棚の奥にはベッドやお風呂などの設備がある。ここはデイサービス（通所介護施設）と図書館がひとつになった場所なのだ。

運営する一般社団法人しあわせ計画舎代表の沼田雅充さんは、東日本大震災後、地域のあり方を問い直す機運が高まる中で、誰にとっても身近な存在である本とデイサービスを結び付けることを考えたという。このかたちは、先のトークで聴いた、ぼくの批判への自分なりの回答でもあるという。

目が行き届かないことを嫌う介護施設には珍しく、本棚の陰にも座席がつくられており、そこに子どもが隠れるようにして本を読んでいたのがほほえましかった。

岩手大学と岩手教育大学の学生による「フキデチョウ文庫サポーター」が、お勧めの本を一区画ごとに並べる「本のアパート」を設置したり、読書を楽しむワークショップを開催している。

また、演劇や料理教室、町内の集まりなど、この場所を使いたい人には開放している。本があることが、ここを誰でも受け入れる居心地のよい場所にしている。

フキデチョウ文庫を見たあと、モリブロの懇親会で栗澤さんに会った時、ぼくは真っ先に「あのときはエラソウなことを云ってすみませんでした」と謝った。盛岡を「本の町」にしたいという気持ちが、こんなに素晴らしい場所に結びついたことが嬉しかったからだ。

宮沢賢治や石川啄木から、フキデチョウ文庫まで、過去から現在までの盛岡の町が「本」を軸にまっすぐにつながっている。そんな気がした。

フキデチョウ文庫。利用者のおばあさんが子どもに
折り紙を教えている光景もあった

川反《かわばた》中央ビルにはブク坊がいる

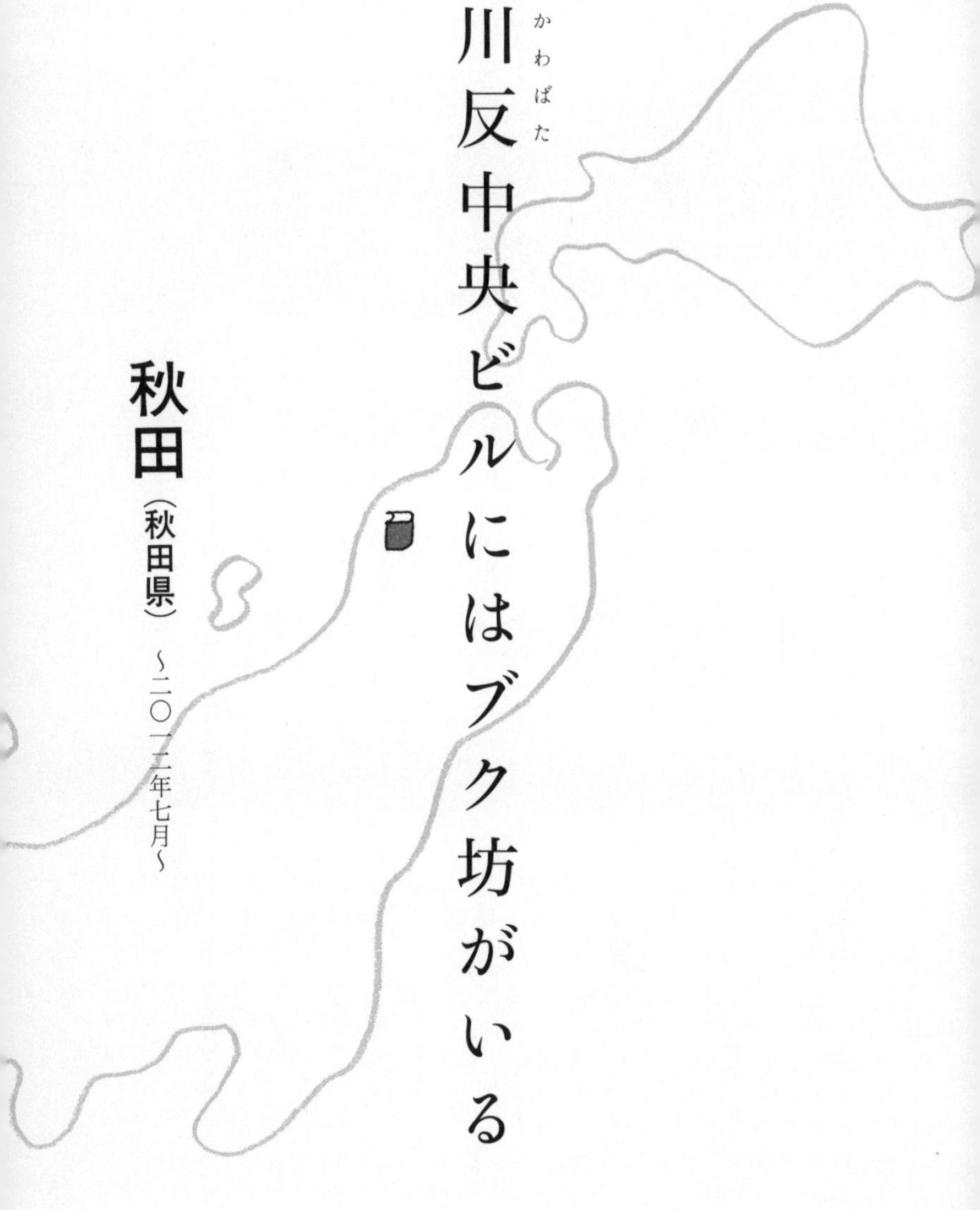

秋田（秋田県）

～二〇一二年七月～

秋田の旅あるきMAP

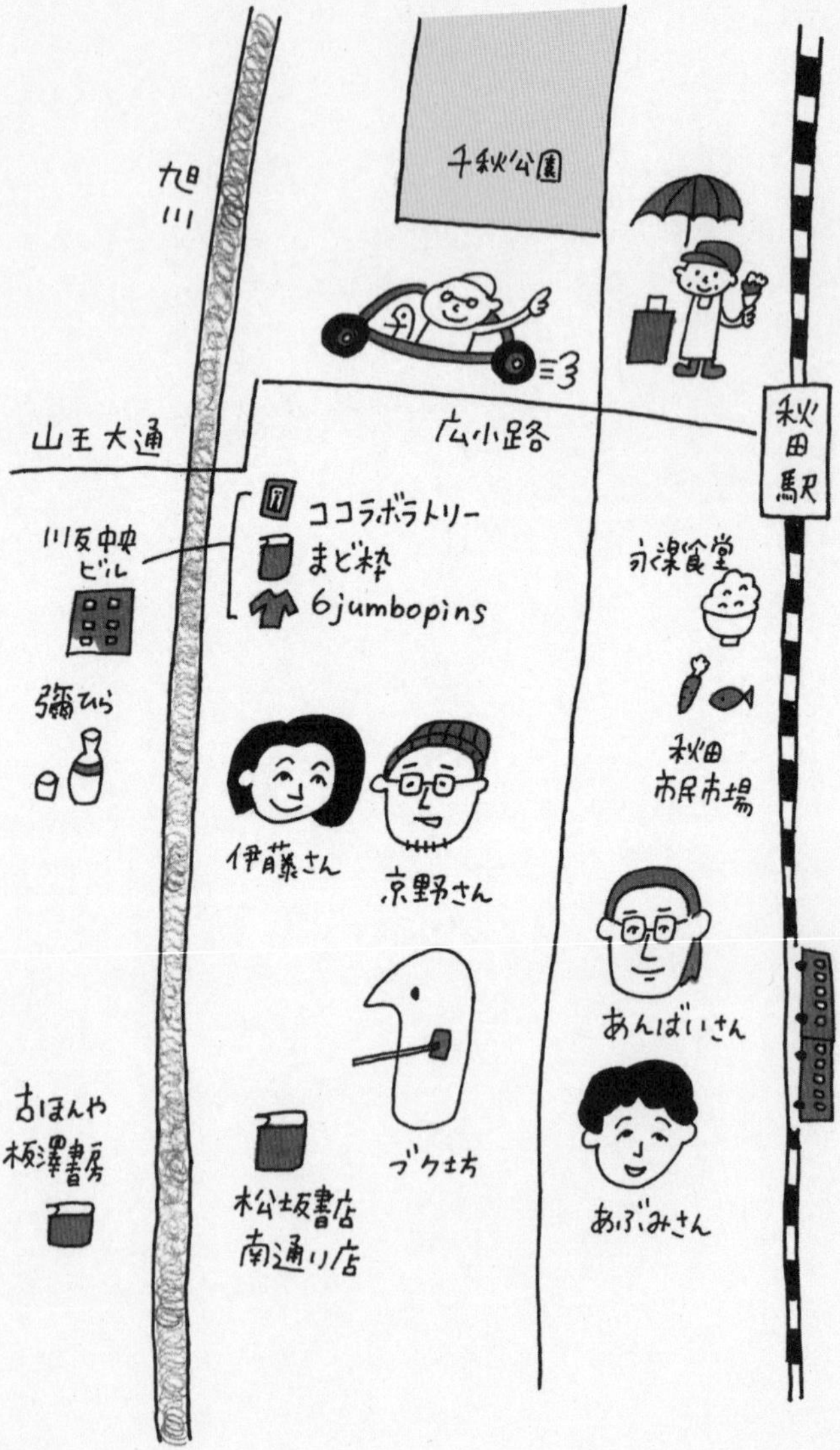

千秋公園
旭川
山王大通
広小路
秋田駅
川反中央ビル
ココラボラトリー
まど枠
6jumbopins
彌ひら
永楽食堂
秋田市民市場
伊藤さん
京野さん
あんばいさん
ブク坊
あぶみさん
古ほんや板澤書房
松坂書店南通り店

秋田には二つの縁があった。

大学生のころ、民俗学研究会というサークルに入っていた。フィールドワークと称し、地方の村に通う。公民館で合宿し、生活習慣や昔話などを採録し、報告書にまとめる。指導する先生はいないし、民俗学専攻もない大学だったが、それなりに真面目に調査していた。

一年生の秋に入会して、その翌週に島根県の幡屋《はたや》という村に入った。同じ県の出身のぼくがどこ？　と聞きたくなるような田舎だった。

翌年の調査地が秋田で、由利郡仁賀保《にかほ》町（現・にかほ市）のある村だった。見渡す限り、田んぼばかりの風景の向こうに、山形県との境にある鳥海山が見えた。話を聴きに行って、その家の人にハタハタやいぶりがっこをご馳走になった。あのとき飲まされた酒は、秋田の「両関」だったかもしれない。

冬に訪れたときには、腰の高さまで雪が降り積もり、合宿所から外に出られなかった。

また、ぼくの最初の本は秋田の出版社から出ている。

神保町のすずらん通にあった〈書肆アクセス〉は、大手取次が扱わない出版物を流通させる「地方・小出版流通センター」の直営店で、ミニコミ好きのぼくはよく通っていた。

そこで、店長の畠中理恵子さんから、無明舎《むみょうしゃ》のあんばいこうさんを紹介された。ラグビーでもやっていたようなごつい体で、声が大きく、酒が大好きなおじ

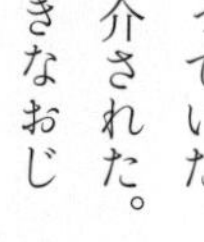

さんだった。

あんばいさんは大学を留年していた一九七二年に、友人たちと秋田市で〈古本・企画・出版無明舎〉をはじめる。最初は塾も兼業していた。

当時は弘前の津軽書房、福岡の葦書房など、地方出版社のユニークな企画が注目されていた。地方・小センターができ、それらの出版社の本が書店に並ぶようになった効果もある。あんばいさんは先行する地方出版社を追いかけながら、「秋田だけで自己完結してしまうような本」ではない出版物を出そうとあがいた。

しかし、十数年ののち、あんばいさんは次のように考えを変える。


ぼくの住むこの小さな街には、全国の読者を相手にしてもおかしくないだけの重大なテーマがぎっしり埋まっている。ぼくの足元には、おそらくぼくが二十年かかっても掘りつくせないほどの本の材料が、まるで宝物のように埋まっているのだ。

「自分の土地を百姓のように耕していくだけで、おれは生涯、ここで本屋として食っていける」その瞬間であった。それまで、あれほど抵抗をおぼえていた「地方」という言葉が、キラキラと輝く、愛着の持てる、深い意味をたたえた言葉に変わったのは。


（あんばいこう『力いっぱい地方出版』晶文社）

ぼくが出会ったころの無明舎は、秋田に軸足を置きつつ、幅広いテーマの本を出していた。あんばいさんは、ぼくに「君の名刺代わりになるような本を出そう」と云ってくれた。あちこちに書いたものに、無明舎のホームページに連載した文章を加え、当時の妻に表紙から中のイラストまで甘え、やりたいようにやらせてもらった。そして、二〇〇四年に『ナンダロウアヤシゲな日々　本の海に溺れて』として刊行された。

おそらくあまり売れずに、あんばいさんには迷惑をかけてしまったのではないか。しかし、ぼくは秋田のこの版元から最初の本を出せたことに感謝している。

南陀楼綾繁
『ナンダロウアヤシゲな日々』
無明舎出版、2004年

一箱古本市（2011年）。
人通りは少なかったが、
出店者がユニークだった

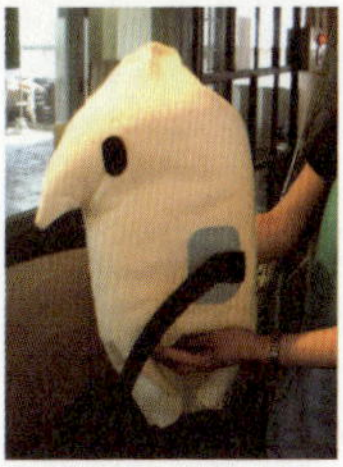
秋田Book Boatの
キャラクター・ブク坊。
頭にかぶるタイプもある

ちょっとダサめのブックイベント

「秋田はいいところだぞ。遊びに来いよ」と、あんばいさんに誘われていたが、機会のないまま数年が経った。

二〇一一年、東日本大震災の後に盛岡で「モリブロ」、仙台で「Book! Book! Sendai」があった。このとき、東北四県の本や物産を巡回する「東北ブックコンテナ」という企画があった。すでに震災前に準備が進められていて、盛岡では『てくり』の木村敦子さん、仙台では〈火星の庭〉の前野久美子さんと、どの場所でも女性が企画者なのが特徴だ。その二人から「秋田の伊藤さんは、他の人と違ったことを云うから面白いよ」と聞かされていた。

伊藤幹子さんは、秋田市で〈まど枠〉という店を営んでいる。本を中心に、地元作家の工芸品や、文具などを扱っているという。変わった店名が気になって、ぜひ訪ねてみたくなった。

この年七月、ブックイベント「秋田Book Boat」に参加するため、秋田市に行った。前の日に泊まった弘前から、眠い目をこすりつつ始発の特急に乗って秋田に着くと、朝八時なのにすでに太陽がギラギラ照りつけていた。ホントにここは東北か？

一箱古本市は、駅から五分ほど歩いたところにある仲通の路上で開催される。商店街というよりは、ただの通りだ。日差しを遮るものが何もないので、出店者はひたすら暑さに耐える。ぼくの隣に出ていたのは、美郷町から来た鈴木めた朗さんで、ブログを元にした『秋田おそがけ新聞』を無明舎から出している。「なまれ」と書かれたTシャツを着た、変わったおじさんだ（向こうもそう思ったようだが）。

変わっていると云えば、そこで初めて会ったまど枠の伊藤さんも相当ぶっ飛んでいた。変なかぶりものをして、その辺をうろうろしている。それは何かと聞けば、「ブク坊です」と答える。ブク坊は秋田Ｂｏｏｋ　Ｂｏａｔのキャラクターで、秋田県のカタチをしているのだそうだ。なるほど、鼻が男鹿半島なのか。ゆるいだけでなく、どこか不気味なブク坊が妙に気に入った。伊藤さんから借りて、しばらく東京に連れて行くほどに。

一箱古本市には、なぜかTシャツ屋も出店。その隣にはベニヤ板でつくられた大きな箱があり、「本の自動販売機」と書かれている。百円を入れると、中で人の気配がして、下から本が出てくる。この暑いのにご苦労さんなことだ。

「自営業はブルース」と書かれたカードと一緒に入っていたのは、わたべ淳『遺跡の人』（双葉社）というマンガだった。かつては売れっ子だったマンガ家が、仕事がなくて食えなくなり、遺跡の発掘調査のアルバイトで生活するという自伝的作品。主人公のダメっぷりが自分に重なり、その後何度も読み返すことになる。

それにしても、本のイベントだというのに、この連中のふざけっぷりはどうだ？　田舎の村祭りみたいに、ちょっとダサイが、本当に楽しんでいるところがいい。

スタッフの女性に「ババヘラアイス」はどうですか？　と声をかけられる。ひとつ買ってみると、足元の缶からヘラでアイスをすくい、コーンの上に盛り上げていく。手渡されると、黄色とピンクのアイスがいまにも倒れそうなほど高く重ねられていた。アイスと云うよりはシャーベットだが、つよい陽射しの中ではその水っぽさがかえって心地いい。コレで二百円は安い。

ババヘラアイスは秋田独特の路上アイス売りで、道路沿いやイベント会場などにパラソルを立てて店を出す。売り子が全員おばあさんで、ヘラでアイスを盛るために「ババヘラ」と呼ばれているという。今回は特別に機材だけを借りたのだとか。

ババヘラアイスにまつわる数々の謎をマンガとコラムで解明する杉山彰『ババヘラ伝説』（無明舎出版）によれば、秋田では昭和四十年代頃から路上でのアイス販売が行なわれるようになった。売り子は農家の奥さんたちで、農閑期の夏にはちょうどいい働き口だった。当時三十代だった彼女たちが歳を取って、「ババ」になったというワケだ。「ババヘラ」という名称も本来、客の側からの呼び名だったが、それが定着し、売る側が自称するようになった。この名前を一社が商標登録したので、ほかの会社とトラブルにまで発展したという。

毎朝、アイス工場から機材と売り子を積んだワゴン車が出発し、ところどころに売り子を配置していく。人がたくさん集まる場所もあれば、辺鄙な山道もある。不公平だと文句が出ないよう、売り子には事前に出店場所を教えないという。

アイスを食べ終わったころに、目の前に屋根付きの自転車が止まった。ベロタクシーと云い、エコに貢献すると各地で導入されているそうだが、ぼくは初めて見た。せっかくなので、乗ってみることにする。男性がペダルをこぎだすと、ゆっくり走りはじめる。広小路から久保田城跡のある千秋公園の周囲を回る。

その公園の近くで、さっきの話のままのババヘラアイス（おばあさん付き）を見かけて納得。いまでも現役の商売なのだった。

ババヘラアイス。
若い女性が売っていると
「アネヘラ」と呼ばれるとか

彌ひら。
居酒屋としても魅力的

まど枠

町のシンボルとしての雑居ビル

市内を横切るように流れる旭川には、竿燈橋がある。来月には四日間にわたって竿燈まつり行なわれる。邪気を払うために、竹竿を組んだものにたくさんの提灯をつるして練り歩く行事だ。

その川に沿って、川反通《かわばた》がある。

一九五五年（昭和三十）に出た渡辺寛『全国女性街ガイド』には、「川反三丁目から五丁目に至る旭川の泥川岸に軒を並べた料亭、芸者屋。戦前は置屋四十二軒、芸妓百四十九名の大所帯で（略）名妓を出したが、目下は四十名足らずの少人数」とある（復刻版による）。

それから半世紀以上が経つが、歓楽街としてはまだ健在で、老舗の居酒屋やバーがある。〈彌ひら〉という定食屋は、種類が豊富でうまい。

まど枠が入っている川反中央ビルは、この通りにある。以前は印刷会社が入っていたそうで、そのためか、ちょっと変わったところに入り口や階段があるのが面白い。

一階には〈ココラボラトリー〉というギャラリーが入っている。自分たちでリノベーションして、二〇〇五年にオープンした。ココラボのあと、空き部屋になっていたほかのフロアにも店が入りはじめる。

二階には〈石田珈琲店〉があり、三階にはまど枠がある。一階で展示をすると、それを見た客がほかの店にも立ち寄る。雑居ビルの中が、自然とひとつの空間になっていく。他の町でもこういう雑居ビルが増えていて、町のシンボル的な存在になりつつなっている。まど枠は小さな店で本の量も少ないが、ほかで見かけない本や雑誌が多くある。ディスプレイも落ち着いていて、うるさくない。長居したくなる店だ。伊藤さんは店を始める前に出していたフリーペーパーから、この店名を付けたという。

翌年（二〇一二年）に訪れたときは、雨のために一箱古本市がビル内で行なわれていたが、路上でやっていたときより盛り上がっていた。このときには石田珈琲店が移転して、同じ場所に同店のスタッフだった人が〈カフェ　エピス〉をやっていた。

そして、三階には〈６ＪＵＭＢＯＰＩＮＳ〉というＴシャツショップができていた。前の年に本の自動販売機を出していた店だ。当時は無店舗だったが、空き室があると聞いて入居した。店主の京野誠さんとは、すでに仙台や盛岡で顔を合わせている。東京で働いたのち、秋田に帰り、オリジナルＴシャツの販売を始めた。デザインがいいし、シルクスクリーンで一枚からつくってくれるので、いまでは各地から注文が入る。彼がつくった秋田Ｂｏｏｋ Ｂｏａｔのトートバッグ（ブク坊のロゴ入り）は、いまでも毎日使っている。

夜には、ココラボで「百杯会」が開かれる。ココラボ代表（当時）の笹尾千草さんの実家のある秋田の町で、祖父が同じ名前の会を開いていたという。

は、おちょこが百個あり、一人が百杯酒を酌み交わしながらお喋りしていたそうだ。笹尾さんはココラボができる前から、秋田の人を集めて百杯会を続けてきた。

その特別編として、本を肴に語り合う会が開かれるのだ。

会場にはゴザが敷かれ、その上にお膳が置かれる。ギャラリーなのに、村の寄り合いのようだ。画家の牧野伊三夫さん、文筆家の木村衣有子さんとぼくが、それぞれの活動について話をするのが名目だったが、ゲストも客も日本酒をガンガン飲みながら話すので、話はそれまくるし、聞いてない人もいる。カオスな場だったが、酒がまわるにつれて、どんどん楽しくなってくる。

翌年の百杯会では、鐙啓記《あぶみけいき》さんとぼくがゲストだった。鐙さんは、一九八〇年代に市内に〈あぶみ書房〉を開店した。小さいが、店主が売りたい本を置く本屋だった。秋田で青春を送った人にとって、文化の発信基地だったという。オススメ本や店に出入りする人のエッセイを載せた『あぶみ書店通信』も発行していた。

第二号には、早川義夫『ぼくは本屋のおやじさん』（晶文社）が入荷したとある。元ジャックスの早川さんが、川崎市に開いた〈早川書店〉での日々を綴り、「就職しないで生きるには」シリーズを印象づけた本だ。鐙さんはこの本屋を訪れて、早川さんに本屋の心得を聞いている。『あぶみ書店通信』も、早川書店が出していた『読書手帖』という冊子がモデルだったという。

あぶみさん

鐙さんは無明舎を創業当時から手伝っていたが、一九九六年にあぶみ書房が閉店したのちに舎員となり、さまざまな企画を本にする。なかでも、全国を車で回って取材した『北前船』（加藤貞仁・文、鐙啓記・写真）と、その取材記『北前船おっかけ旅日記』（鐙啓記）は名著だと思う。現在は無明舎を離れ、東北を駆け回って地域おこしの仕事をしている。

会が終ってからも、近くの居酒屋の座敷に席を移して、日付が変わるまで話した。

秋田には、まだまだ面白いところが多い。

川反通を抜けたところにある〈古ほんや板澤書房〉は、郷土史や文学など筋の通った本を並べている。大通りを駅の方に行くと、もう一店、〈松坂古書店〉がある。こちらは対照的に、

6junbopins。Tシャツのプリントも店内で行なう

板澤書房。風格ある外観

永楽

郊外型の古本屋っぽくごちゃごちゃとしているが、奥の方に戦前の状態の悪い本を無造作に並べた一角があり、そこからずいぶんいい本を拾った。

駅前には〈秋田市民市場〉があり、食料品から日用品まで何でも売っている。その隣に〈永楽〉という定食屋があるのだが、ここは飲み屋としての性格が強い。なにしろ、「利き酒セット」というものがあり、七百円で地酒が三杯飲めるのだ。昼間にココに入ると、しばらくは腰が上らなくなる。

二〇一二年には県が発行するフリーペーパー『のんびり』が創刊された。以前『Re:S《リス》』を出していた藤本智士さんが編集長で、秋田の生活や文化を掘り起こしている。ココラボの笹尾さんや鐙さんも関わっている。

まだ一部しか知らない秋田だが、あんばいさんが云うようにいくらでも宝が見つかりそうだ。しばらくご無沙汰しているが、またベロタクシーに乗って、秋田の町を回ってみたい。隣にブク坊を乗せて。

〈まちの本棚〉が生まれた

石巻・仙台（宮城県）

～二〇一三年七月～

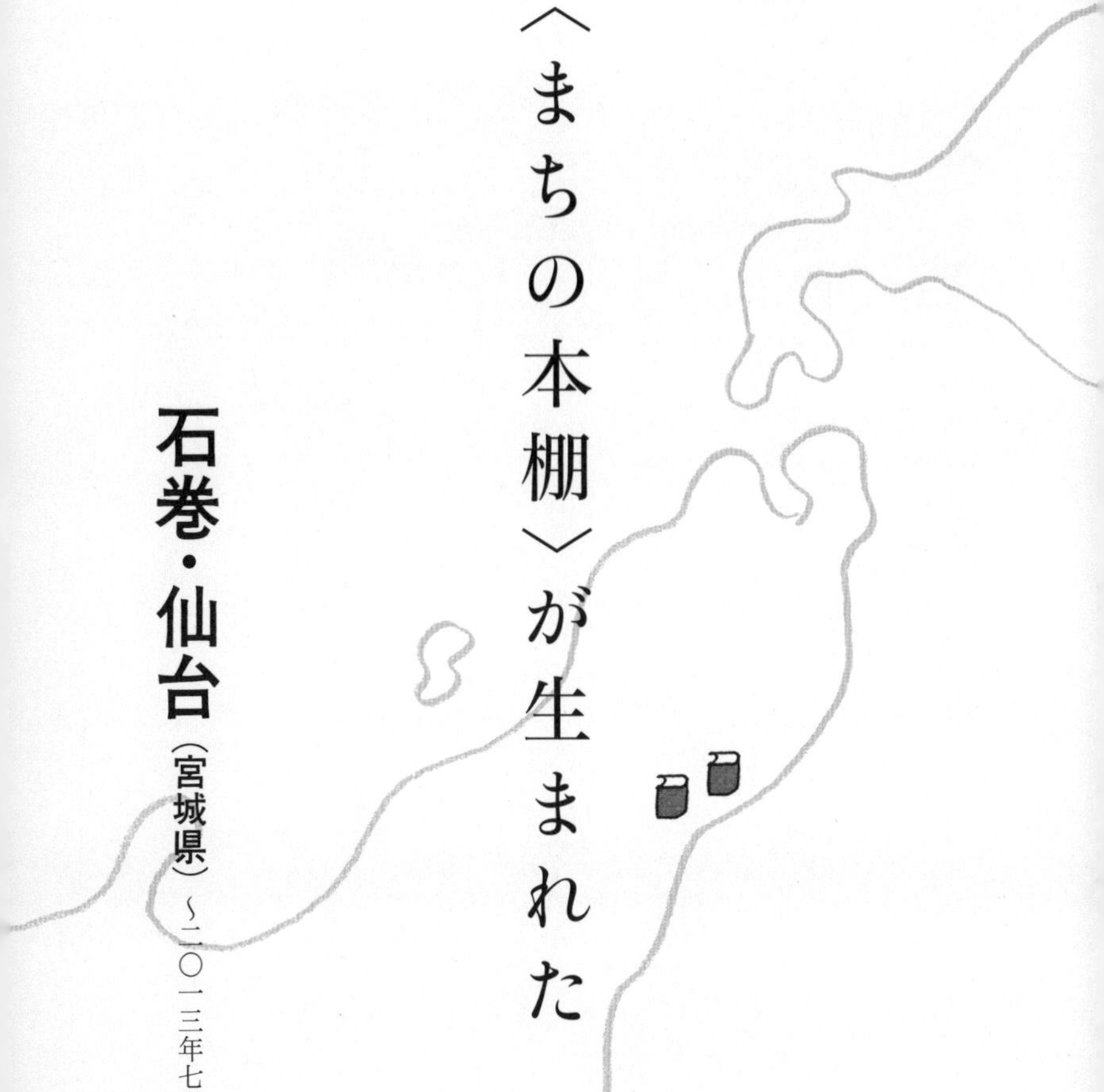

石巻・仙台の旅あるきMAP

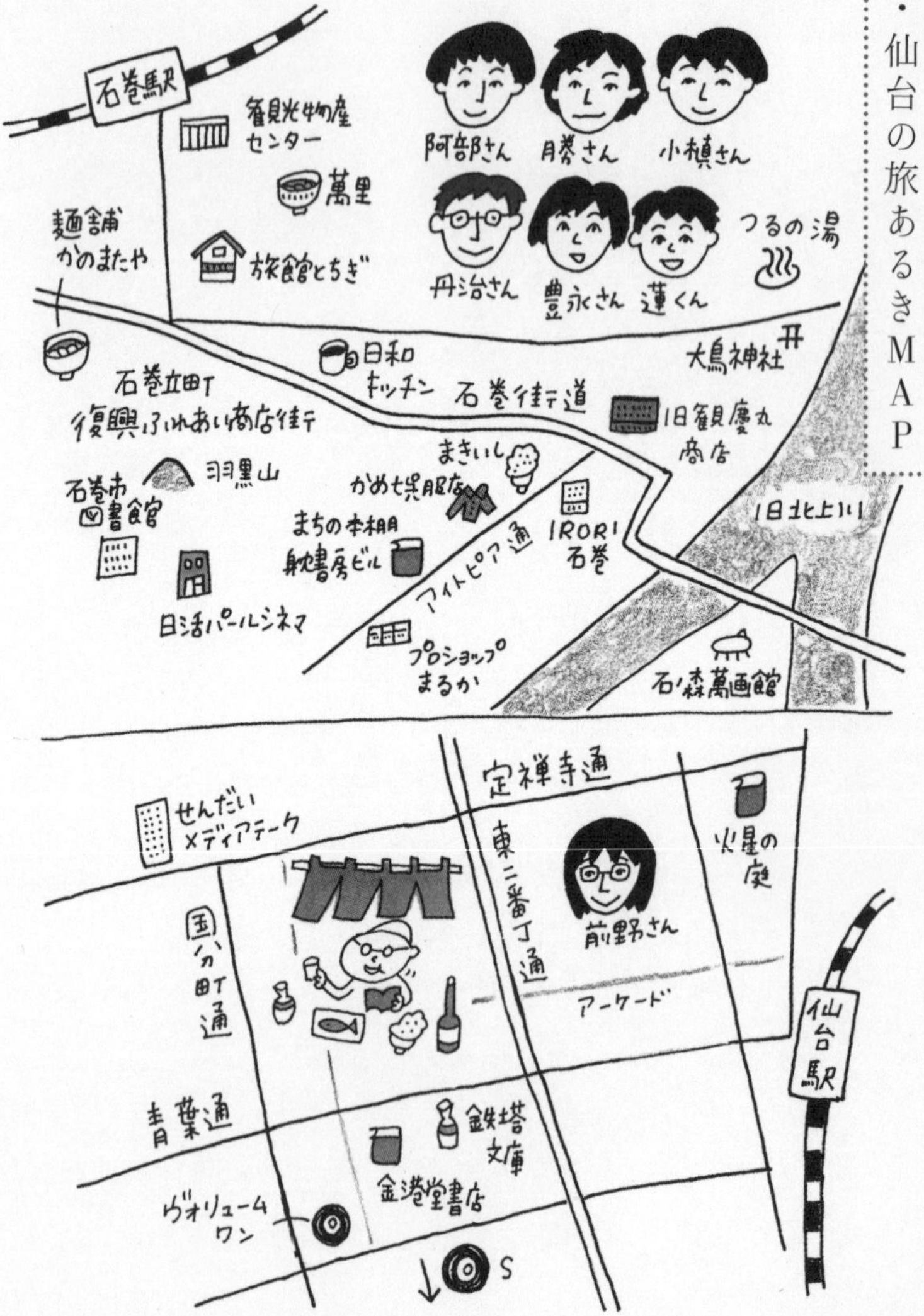

二〇一三年七月二十六日夜、宮城県石巻市のアイトピア通にあるビルの一室で、〈石巻まちの本棚〉はようやく全貌を現した。

本棚に並ぶ本の冊数は、雑誌・コミックも含めて約千冊。大きめの新刊書店や公共図書館なら、ひとつのジャンルの棚に満たない量だ。しかし、一冊一冊が丁寧に選ばれている。裏見返しに本を寄贈した人からのメッセージが貼り付けられた本もある。

「物語」「東北／石巻」「コミュニティ」「食」「読書」「仕事」「家族」「旅」「絵本」……。テーマにあわせて、本を仕分け、バランスを考えつつ棚に並べていく。勧めたい本やデザインのいい本は面出しする。本は今後増えていくので、テーマも位置も変更できるようにしておく。作業しながら、「こんな本あったっけ？」「この本はこのテーマがいいね」などと話すのも楽しい。

石巻まちの本棚。入り口では古本を販売している

大行寺地下の一箱本送り隊作業場。ジャンル別に本を整理し、被災地に送った

まちの本棚のオープン前夜。最後の一冊が棚に収まると、自然に拍手が出た

数時間かけてなんとかカタチになった本棚を、ついさっき運び込まれたテーブルの前に座って眺める。木の匂いが漂っていて、なんだか落ち着く。

「東北／石巻」コーナーには、『菅原克己全詩集』（西田書店）が収まっている。ぼくは、宮城県亘理《わたり》郡生まれの詩人のこの本を真っ先に本棚に並べた。彼の「ブラザー軒」という詩には、仙台の一番町に実在する店が登場する。高田渡がこの詩に曲をつけてうたっている。思えば、この詩集との付き合いも二年以上になるのだ。

二〇一一年三月十一日に東日本大震災が発生した瞬間、ぼくは東京の自宅にいた。休憩のつもりで、横になって本を読んでいるときに揺れを感じた。それが急に激しくなり、慌てて起き上がってベランダの方に向かう。ドアの前に荷物が積んであるので、「やばいやばい」と思いながらそれをどけ、ベランダに出る。コンクリートの床を素足で踏むと、うねうねと動いていて、そのまま吸い込まれるように感じた。揺れが止まった、と感じるまで、ずっと手すりにつかまっていた。

部屋に戻ってみると、さっきまで寝転がっていた場所に大型の本が落ちていて、ゾッとした。本棚は倒れなかったものの、棚の本の多くは飛び出して山になっている。とくに奥の部屋は、もともと積んであった本の上に飛び出した本やＣＤが重なり、地層のようになっていた。あとで片付けようとしたが、ありえない場所まで本が飛んできているのを見てあきらめた。余震が続いていることを言い訳に、しばらくは奥には入らないようにして生活する。

地震の直後に近所の古本屋に様子を見に行くと、むしろいつも以上にお客さんがいて、本を買っていることに呆れた。自分はしばらく買う気になれないと思っていたのだが、数日後には、新刊書店で何冊も買い込んでいた。こんなときにも結局、本のことしか考えられないのだ。だから、自分が被災地にいて、避難所で暮らしているとしても、生活に必要な物資と同じ切実さで、本が欲しい、本が読みたいと考えるだろうと思った。

その数日後、千駄木の旧安田邸で不忍ブックストリートで企画するコンサートがあり、そこで谷中に住む編集者の豊永郁代さんと会い、当然のように震災の話になった。「避難所にいる人に本を届けようか」「コーヒーも一緒に入れたい」などと話したことがきっかけで、「一箱本送り隊」の活動が始まった。

「隊長」は編集者の丹治史彦さん。暮しに関する本を刊行するアノニマ・スタジオの創設者で、現在は奥さんの井上美佳さんと信陽堂編集室を営んでいる。丹治さんが塩竈出身で、肉親が津波の難からあやうく逃れたこともあって、リーダーを引き受けてもらったのだ。彼らも谷根千のご近所仲間であり、不忍ブックストリートで本をめぐる活動を続けるうちに出会った人たちだ。のちに豊永

さんの紹介で若月貴子さんも呼びかけ人に加わり、しっかり者の金庫番をつとめてくれている。

三月の段階で出版業界をはじめ、さまざまな団体が被災地に本を送る運動がスタートしていた。しかし、大量に本を集めて送ったものの、それをどう活用するかの方策がなく、役場の倉庫に段ボール箱のまま積み上げられているという話も聞いた。以前、東北の図書館がない町で本の寄贈を募ったら、『窓ぎわのトットちゃん』が何百冊も集まったというエピソードも念頭にあり、無差別に一方的に本を送りつけるのはまずいと思った。そこで、いったん集まった本から被災地の読者のニーズに合わせて選んで、送ることにした。幸い、大行寺という谷中のお寺の広大な地下室を、ご厚意で借りられることになった。そこを倉庫兼作業場として、毎週メンバーが集まり、本の受け入れや整理、発送作業を行なった。

最初の半年は被災地の避難所や、仮設住宅の集会所に本を送った。東松島市の図書館からの要請で、同館が市内の仮設住宅に設置している小さな図書室に置く本を集めたりもした。読者のニーズはさまざまだったが、ある時期から料理書や手芸などの実用書のリクエストが増えていったのには、ゆっくりとふだんの生活を取り戻しつつある様子がうかがえた。

半年が経ち、本を送るだけでなく、ぼくたち自身が被災地に本を届けに行こうということになり、十月には塩竈市で「塩竈ブックエイド」を開催した。当初、本を無料配布するつもりだったが、地元の人の「やはり本は自分で買いたい」という言葉から、古本バザーと一箱古本市をすることに決めた。塩竈や仙台、あるいは東京から二十組近くが集まり、楽しそうに過ごすのを見て、一方的に被災地に本を届けるのではなく、集まった本を現地でどう活用するかが重要なのではないかと思うようになった。

本に連れられて石巻へ

こんなに根こそぎ、何もかもなくなることがあるんだろうか……。津波が直撃し、その後の火事で廃墟となった門脇《かどのわき》小学校の前に立ち、そこから広がる風景を目にして、本当に言葉が出なかった。

門脇小学校。津波の後で火災が襲った校舎からまだ異臭がした

復興バー。夜になると石巻の各所から人が集まってきた

旧観慶丸商店。後ろから見る姿も迫力がある

震災から半年後、石巻に住む丹治さんの知人の案内で、市内を回った。石巻の中心部には日和山があり、その下を旧北上川（明治から昭和にかけての治水工事により、旧北上川と新北上川に流れが分かれた）が流れている。津波はこの川をさかのぼり、沿岸部を直撃した。川に面した通りには、大きな漁船が打ち上げられていた。

魚市場に行くと、水産会社の倉庫は骨組こそ残っていたが、津波により下半分が完全になくなっていた。魚が腐ったような臭いが鼻についた。

衝撃を受けて帰ってきたが、その翌年、石巻との縁が生まれた。石巻というまちを震災以前の状態に戻すのではなく、新しいまちへとバージョンアップしていこうという民間団体「社団法人ISHINOMAKI2・0」（以下2・0）の存在を知ったのだ。代表の松村豪太さんは、震災前は石巻スポーツ振興サポートセンターで働いていた人で、さまざまなプロジェクトの中心にいる。空き店舗を利用してはじめた〈復興バー〉では自らマスターとしてカウンターに立つ、明るい青年だ。

石巻では郊外化が進んだこともあり、津波が襲う前から、商店街の人通りは少なくなっていた。石巻駅から行くと、立町、寿町、アイトピアと三つの商店街があるが、ぼくが訪れた頃にはシャッターの閉まっている店が多かった。

しかし、かつてのこの辺りは活気のある町だったと、地元の人は云う。立町通に立派な洋風のモダンなビルがある。一九三〇年（昭和五）に建設された〈観慶丸商店〉で、木造三階建て、道路に面した部分はタイル張りになっている。陶器のほか洋品や文房具を扱い、三階の食堂では石巻で最初にカレーライスを出したという。当時の石巻は海水浴場としても栄え、多くの観光客が訪れた。

一九八〇年代になっても、商店街にはブティックなど流行りの店が並び、書店も映画館もあった。八月一日に開催される「川開き祭り」は一九一六年（大正五）から続く石巻最大の行事だが、この日は通り全体がきらびやかに飾られ、パレードが行なわれた。

旧北上川の中州には〈岡田劇場〉があった。明治時代は芝居小屋で、歌舞伎や大相撲の興行も行なった。徳田秋声の『縮図』にも石巻の場面があり、旅芸人がひっきりなしにやって来ている様子が描かれている（岡田劇場がんばれ会編『岡田劇場一五〇年』）。戦後は東映系の映画館となった。川開き祭りを撮影した映像を見ると、石巻出身の俳優・由利徹がパレードの車に乗っている。これも岡田劇場が呼んだものだろう。岡田劇場は津波で流されてしまったが、館主の菅原聖さんは奇跡的に生還し、その後、東北各地での上映活動を続けている。

2・0は、川開き祭りにあわせて、復興に向けてのイベント「STAND UP WEEK」を開催している。ぼくたちも、その一環として二〇一二年七月に「石巻ブックエイド・一箱古本市」を二日間開催した。

会場はまず、立町にある「復興ふれあい商店街」の駐車場。もともとはコインパーキングだったが、被害を受けた店舗が移転し、仮設の商店街になっている。この中の電気店〈パナックけいてい〉の佐藤秀博さんは、『本の雑誌』を創刊のころから愛読していて、一箱古本市のことを同誌で知り、以前からやりたいと思っていたと云ってくれた。姪御さんで店長の八重樫麻実さんは、息子の蓮くんと一緒にイベントを手伝ってくれた。蓮くんはカホン（打楽器）を叩き、コンピュータのプログラミングもするという好奇心旺盛な小学生で、自分の読んだ雑誌を並べて店長さんとしてお客さんに声をかけている。

しばらく商店街を進むと、野外にテントがある。本のバザーがあり、その横でコーヒーを無料配布している。栃木県の益子から来てくれた人たちが、陶芸家から提供されたカップでコーヒーを淹れてくれるのだ。

また、千駄木の出版社・羽鳥書店のブースもある。ここにはできたばかりの『女川一中生の句　あの日から』が並んでいる。石巻と並んで大きな被害を受けた女川で、家族や友人を失った中学生が自分の言葉で、あの日からの体験を俳句にするという授業が行なわれ、それを朝日新聞記者の小野智美さんが丹念に取材した。会場には、この本に俳句が載っている中学生の家族が来て、嬉しそうに本を手に取っていた。

アイトピア通に入ると、2・0の本拠である〈IRORI石巻〉の前に数箱、その斜め前の〈かめ七呉服店〉にも数箱出ている。かめ七のご主人は、若いころからの雑誌好きで、震災後に救出されたコレクションを店の奥にずらりと並べ、閲覧できるようにしている。そのスペースで地元のタウン誌の編集長の話を聴き、昔の石巻の映像を見る会もひらいた。仙台を中心に町の面白さを発見する活動をしている「つれづれ団」のメンバーには、ブックカバーづくりのワークショップをしてもらった。

　一箱古本市には、仮設住宅で生活する石巻の人や、仙台や東京の人が両日三十組参加した。各スポットに設置したスタンプラリーには、子どもたちの姿が多くみられた。「川開き祭りを除けば、まちなかにこれだけ多くの人が出たのは久しぶりだ」と、商店街の人も驚いていた。クロージング・イベントでは、寂れつつある町なかに人が戻ってくるにはどうしたらいいか

復興ふれあい商店街。
入り口では
さまざまなイベントが
行なわれている

かめ七の前での一箱古本市。
地元の店主さんが友達同士で
出店していた

コミかめにはご主人が集めた
貴重な雑誌が並ぶ。
デザインやファッションの
分野が充実

を話し合った。司会をしていたぼくは、「地域の人々の交流の場でもあった本屋さんに代わる存在として、本のあるコミュニティ・スペースを商店街のどこかに設けることはできないか」と提案した。

その後、検討を重ねた結果、2・0と一箱本送り隊の共同事業として、〈石巻まちの本棚〉に実現に向けて動きはじめたのだった。

さまざまな人の協力で

石巻まちの本棚は、アイトピア通の躭《たん》書房ビルの一階に設置されることになった。〈躭書房〉は、榊幸造氏が昭和初期に創業。最初の店は、書店兼出版社の郷土社書房の店舗を引き継ぐかたちで開いた。一九三四年（昭和九）の「大日本職業別明細図」を見ると、内海橋通にあった。ちなみに、この地図には書籍文具店が八店も見つかる。その後、現在の地に移り、二代目の厚而さんが引き継いだ。長年多くの本好きに親しまれたが、一九九九年に惜しまれつつ閉店した。

「思想や哲学の本が充実していた」「ほかの本屋にはない本が見つかった」「あの雑誌はいつもココで買っていた」……。石巻の人は口々にこの店の思い出を語る。

厚而さんの奥様である榊幸子さんは趣旨を理解してくれ、この場所を借りられることになった。本屋があった空間に本棚が並ぶのは、理想的だ。

石巻サイドとぼくたち東京サイドの間に立って、粘り強くこのプロジェクトを進めてくれたのは、勝邦義さんだ。まだ三十代前半だが、物静かで哲学者のような雰囲気を持つ。石巻にはまったく縁がなく、2・0の理事である建築事務所の社長に命じられて、石巻に住みながら復興民泊の開設などに関わった。いまでは住民票も石巻にあるという。

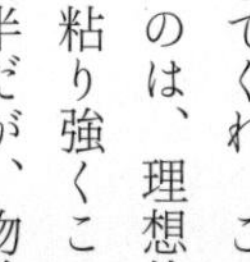

このビルの木材を組み込んで、本棚や座って閲覧できるスペースをつくる。この部材は、住宅系雑誌による復興応援プロジェクトの会場で、建築家の畠山サトルさんが設計しワークショップ形式で建てた「週末みんなでつくる家」のもの。それを無償で提供してもらったのだ。

仙台で預かってもらった部材を石巻に運び、畠山さんの指導のもと、セルフビルドワークショップで組み立てが行なわれた。その後、壁面を漆喰で塗り上げるワークショップも開催された。みんなの手によって、がらんどうの空間に息が吹き込まれていった。そして、ついに待望の本が並べられたのだ。

先の『菅原克己全詩集』は、一箱本送り隊の活動の初期にどなたかが寄贈してくれたもの。平易な言葉で書かれた詩は、多くの人の心を打った。いつか、いいタイミングで使わせてもらおうと思っていたこの本を、ここに並べることができて満足だ。

　このような場所が実現できるまでには、さまざまな人たちの協力があった。各地で本のイベントを開催しているグループが、たくさんの本を集め、送ってくれた。なかでも、仙台の人たちには本当に世話になった。

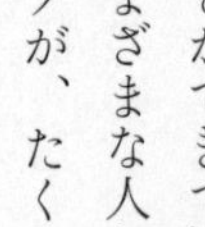

　仙台との縁は八年ほど前に遡る。〈book cafe 火星の庭〉の前野久美子さんが、突然東京のぼくを訪ねてきて、「一箱古本市をやりたいんです」と云った。板前、ホステス、出版社勤務などを経て、ご主人とともに二〇〇〇年に店を始めた。二〇〇六年に店内で開催された一箱古本市は、「Book! Book! Sendai」という団体に発展した。現在は毎年六月にサンモール一番町で行なわれる一箱古本市のほか、トークや展示などを開催する。

　前野さんは口から先に生まれてきたようなひとで、とにかくフットワークが軽く、さまざまなイベントを一緒にやった。とくに二〇一二年に〈せんだいメディアテーク〉で行なった「ちいさな出版がっこう」では、ぼくが講師となり編集者やデザイナーをゲストに迎えて、半年かけて参加者がひとり一冊本を完成させ、翌年の「ちいさな出版市」で販売した。終わってから、前野さんや生徒たちと仙台の町に飲みに行くのもたのしい。彼女のおかげで、仙台は実家以外では日本中で最も足しげく訪れる町になった。

　仙台は中心街がかなり広く、隅々まで歩いて回るのはちょっとつらい。気になる店をピンポイントで訪れるだけでも、けっこう時間がかかり、町のレイアウトが頭に入るのに時間がかかった。しかし何度も通ううちに、鉛筆でなぞる線が濃くなっていくように、なじみの場所が増えていく。そして、ちょっとずつ行動範囲が広くなっていった。

看板もろくに出さず、いつやっているか判らないが、超レアな古書を扱う〈S〉（頭文字でなくエスが店名）、レコード屋なのになぜか古本に力を入れている〈ヴォリューム・ワン〉、いろは横町という闇市めいた小路にある古本酒場〈鉄塔文庫〉などなど。とくにお気に入りなのが、町なかの各所にある〈そばの神田〉という立ち食い店。あっさりしたダシと、麺の太さが絶妙に合っていて、仙台に泊まった朝にはかならず食べる。石巻に向かう前にも、ここに寄ると、なんだか元気が出るから不思議だ。

ちいさな出版市。つくり手が自らお客さんに本を売る

旧北上川沿いの朝。右奥に石ノ森萬画館が見える

なまこ壁（？）の土蔵をいくつか見つけた

本から始まる場所に

仙台に比べると、石巻の町なかは狭く、三十分もあればひとめぐりできる。石巻まちの本棚はアイトピア通りの奥にあるので、そこにたどり着くまでに、いろいろと寄り道してしまう。

中華の〈萬里〉、うどんと石巻焼きそば（目玉焼きが乗っているのが特徴）の〈かのまたや〉、シメの天むすが美味しい〈天〉、釜めしとなぜかハンバーグが売り物の〈まきいし〉など、飲んだり食べたりする店には事欠かない。2・0のメンバーが店主の〈日和キッチン〉は、牡鹿半島に増殖している鹿の肉のカレーを出す店。深夜バスで早朝石巻に着く人のために、土日は朝六時半から営業している。仮設の市場に数店が入っている〈プロショップまるか〉では、刺身定食やラーメンが食べられて、弁当も売っている。

寿町は港湾関係者が集まり、東北でも有数の飲み屋街が形成されていた。震災後も居酒屋やスナックはいちはやく復活したと聞く。この通りには〈パールシネマ〉というピンク映画館があり、ここも震災後すぐに復活した。欲望は理屈よりも容易に人を動かすのだ。

旧北上川に沿って歩くと、大嶋神社とその公園があり、庭に土蔵のある旧家が点在する。志賀直哉の生家跡もこの辺りだった。このルートは朝の散歩にちょうどいい。さらに歩くと、〈つるの湯〉という銭湯がある。震災後に復活し、ぼくも何度か入りに来たことがある。商店街を抜けて羽黒山にあがると、石巻市図書館がある。ここの二階の郷土資料室で、石巻の歴史についての本を読むと、昔といまの石巻が自分の中でつながっていくように感じられる。

宿泊はホテルもあるが、駅前の〈旅館とちぎ〉が定宿になった。三千八百円で部屋は広く、のびのびと落ち着ける。石巻弁のきついおじさんは、フランクで優しい。

まちの本棚に着くと、店番の阿部史枝さんが笑顔で出迎えてくれる。このスペースは土・日・月の週三日、オープンしており、自由に入ってその場で本を読んだり、借りていったりできる。人通り自体が少ないので、しょっちゅう人が来ているわけではないが、それでも立ち寄って棚を眺めていく人はいる。最初は遠巻きに見ていた地元の人も、オーナーの榊さんがこの場所を気に入って、知り合いを見つけると声をかけてくれたので、だんだん利用者が増えている。榊さんは出版やコミュニティについての本もよく読んでいて、「サード・プレイス（会社と家の中間に位置するコミュニティの場）」がね」などと発言して、我々を驚かせる。

夜になると、小学校の先生の小槙葉子さんや、パナックけいていの八重樫母子も加わって、運営会議が始まる。本棚の一角は、料理研究家の枝元なほみさん、写真家の中里和人さんらの蔵書をお借りして並べる「◎◎さんの本棚」コー

ナーで、期間中にその人のトークも行なう。一部の本は古本として販売しているし、各地のフリーペーパーを配布するコーナーもある。今後は古本や出版の講座も開いていくつもりだ。本に関することなら、なんでもできる場所にしていきたい。

最初はどういう場所になるかのイメージが湧かず、受け身だった石巻のスタッフも、最近ではディスプレイを工夫したり、新入荷の本のコーナーをつくったりと、自らアイディアを出すようになった。三回目となる二〇一四年の一箱古本市では、彼らが中心になって出店場所を決め、チラシを作成してくれた。ついに、ここまで来たかと感無量だった。

予算はほとんどなく、助成金の期間も終わったので、今後続けていくために解決しなければならないことは多い。ぼく自身も、石巻に来る費用を捻出するために、毎回苦労する。前後に仙台での用事を入れているので、石巻で過ごせる時間はだいたい一泊二日だ。

それでも、本がなくては生きられないぼくにとって、石巻まちの本棚は大事な場所だ。ここでやりたいことを話し合っているときは、とても楽しく、充実している。その楽しさを石巻の本好きの人たちと分かち合いながら、まちの本棚を生き生きとした場所にしていきたい。

旅は不器用

新潟

（新潟県）

～二〇一〇年十二月～

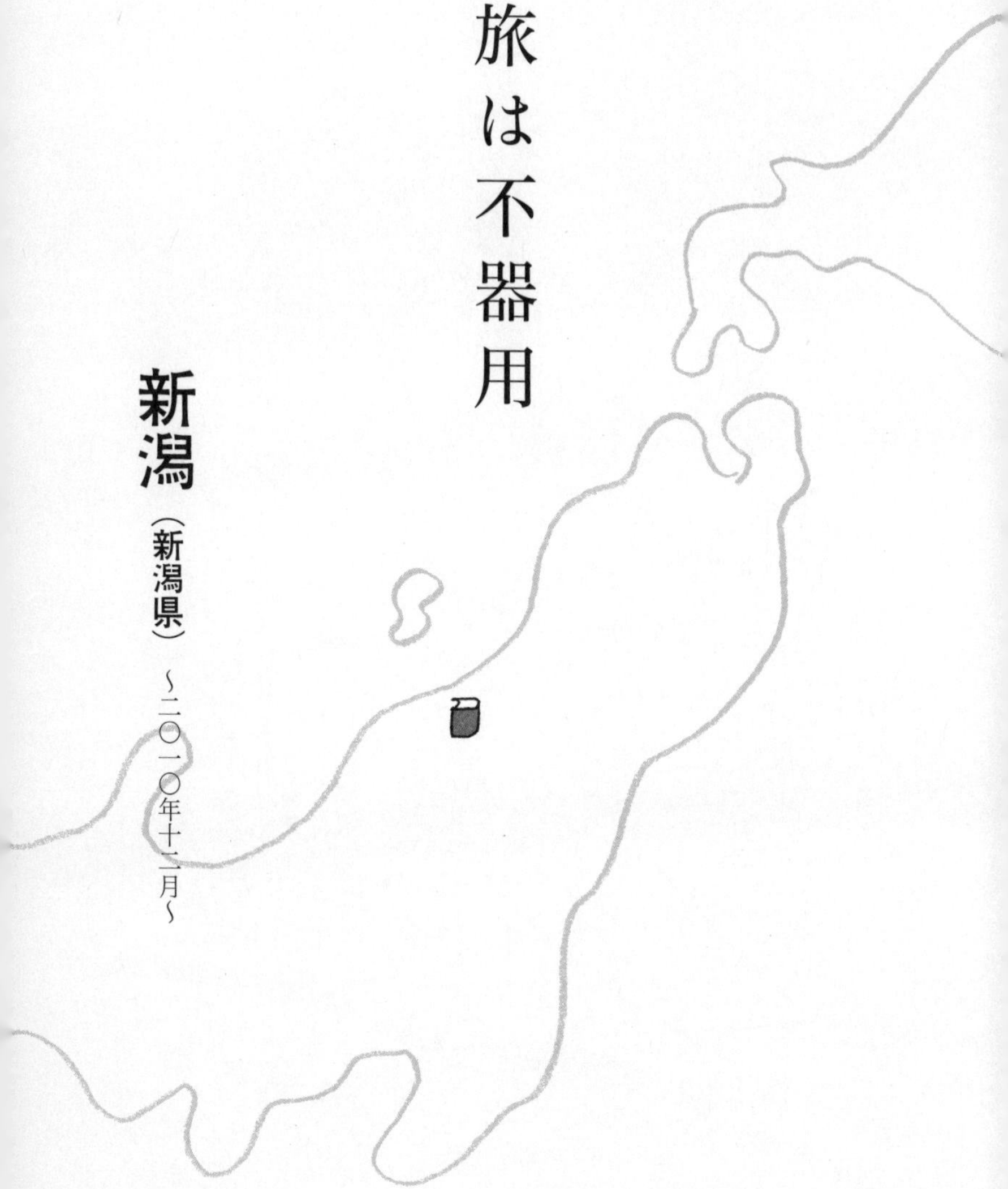

新潟の旅あるきMAP

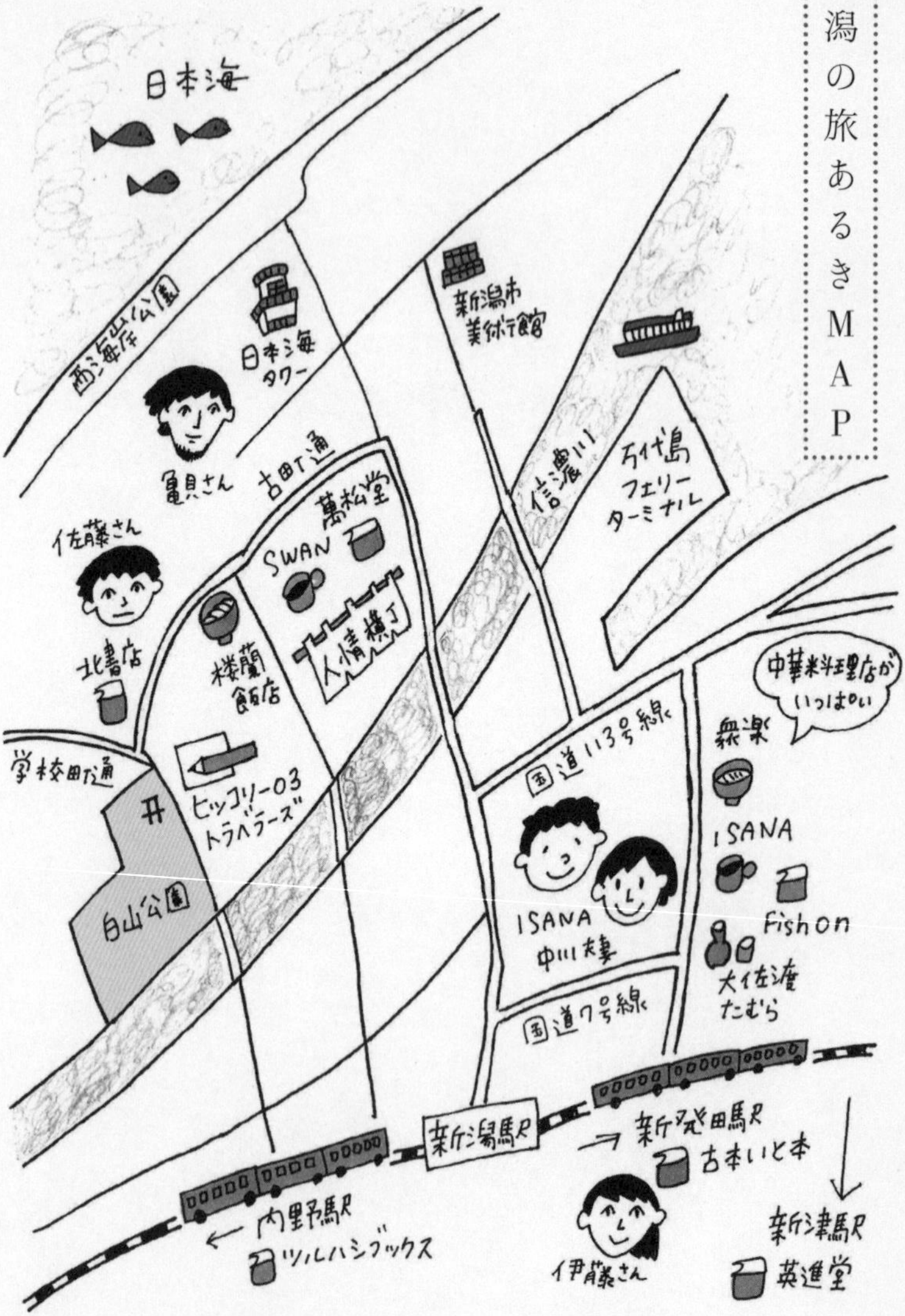
日本海
西海岸公園
日本海タワー
新潟市美術館
亀貝さん
古町通
萬松堂
SWAN
信濃川
万代島
フェリーターミナル
佐藤さん
北書店
楼蘭飯店
人情横丁
学校町通
ヒッコリー03トラベラーズ
白山公園
国道113号線
中華料理店がいっぱい
燕楽
ISANA
Fish on
ISANA
中川夫妻
大佐渡たむら
国道7号線
新潟駅
→新発田駅
古本いと本
新津駅
英進堂
内野駅
ツルハシブックス
伊藤さん

年末に新潟に行ってきた。

今度新潟へ行って見ようか知らと思い立ったのは、勿論用事などある筈はなく、新潟に格別の興味もないし、その他何の他意あるわけではないが、あっちの方は雪が降って、積っていると云うので、そうすると、どう云う事になっているのか、それを一寸見て見たいと思う。

——二行目からは、ぼくの文章じゃありません。内田百閒の「雪中新潟阿房列車」(『阿房列車　内田百閒集成1』ちくま文庫)から写したものです。

百鬼園先生が新潟を訪れたのは、一九五三年。「用事がなければどこへも行ってはいけないと云うわけはない。なんにも用事がないけれど、汽車に乗って大阪へ行って来ようと思う」とはじまったのが「阿房列車」シリーズだから、新潟行きにもこれという目的はない。宿に着くなりまったく外に出ずに、翌日には帰りの汽車に乗っている。

このような無目的の旅へのあこがれは、もちろん、ぼくにもある。浮世を離れて、知らない町をふらふらと歩いたらどんなにか愉しいだろうと、いつも思う。

でも、だめなのだ、貧乏性だから。どこかに出かけるときは、ついでにココに行ってあそこに寄ってと、いろんな用事をくっつけてしまう。雑誌や本を見たり、ネットで情報を検索したりして、モデルコースまでつくってしまう。いざ出かける段になると、それらの「ついで」の累積をこなすことがめんどくさくなって、出かけること自体やめてしまうことがしばしばだ。

また、どうしても荷物を少なくすることができず、何冊もの本と、使わないかもしれない着替えや道具を詰め込んでしまう。同行のひとに、「ずいぶん大荷物ですね。夜逃げですか」とからかわれる。現地に着けば着いたで、一日ごとに本が増えていく。身軽な旅にならないのだ。

昨年は関西、名古屋、佐賀、金沢、札幌などに出かけたけれど、どれもブックイベントがらみか取材の旅だった。用事がすむと、なるべくもう一泊して町をぶらつくのが楽しみだ。しかし、四十歳を超えて身体が弱ってきたのか、仕事の翌日はかなり疲れてしまい、せっかくの町歩きを途中で切り上げて帰京することもある。

用事も荷物もない旅を、一回ぐらいはしてみたい。

ちょうど、年末になんにも予定のない日が二日間ある。それを利用して、どこかに出かけてみようと思い立った。

それで頭に浮かんだのが、新潟だ。知り合いの丹治史彦さんや不忍ブックストリートの仲間である吉上夫妻から、この町のおもしろさは聴いている。上越新幹線だと二時間ほどだし、ホテル込みの安いツアーも見つかった。

じゃあ、行ってみようか。

目的のない旅はむずかしい

新潟は初めてではない。間に何十年の歳月が流れているにしろ、曾遊の地である。

——すいません、また百閒からのパクリです。

ぼくにしても、新潟は初めてではない。親戚が新潟に住んでおり、小学生のころから何度か泊まりに行った。小千谷に家があったときには、目の高さまで積もる雪というのを生まれて初めて見た。大学生のころは、佐渡に渡り、公園で開かれた打楽器集団「鼓童」のライブを観たりしている。

また、社会人になってからも、二十年前になると思うが、いちど訪れている。友人たちと、趣味人として知られる石黒敬七のコレクションを集めた、柏崎市の〈とんちン館〉に行った。当時、柏崎近辺には大小さまざまな博物館があり、それらのいくつかを回ったのだが、その前に新潟市内の古本屋を二、三軒訪ねた記憶がある。だから、「曾遊の地」であることは間違いない。

しかし、そのいずれもが、車で市内を走り抜けただけだったり、古本屋に行くだけで引き返したりして、町のなかをほとんど歩いて

『月刊まちの日々』。
古い新潟と新しい新潟の両方を
バランスよく紹介している

いない。そのため、新潟の町の印象がまっさらの状態なのだ。なんだか、紀伊國屋書店に行った気がするけど……とか、その程度だ。

だから、「古町商店街の辺りに、面白い店が集中してますよ」と教えてもらっても、その場所のイメージが湧いてこない。歩いてないはずはないんだけど……と、もやもやしていた。その辺のギャップを埋めてこよう。

吉上さんからは『まちの日々』というフリーペーパーをひと揃い貰っていた。二〇〇六年から新潟市で発行されている同紙は、A3両面を何度か折って手帳サイズにしたもの。広げると、注目のスポットや人、イベントカレンダー、コラム、地図などがコンパクトにまとめられている。どの記事もたんなる紹介ではなく、しっかりした視点を持っているのがいい。三十号以上あるバックナンバーを読み、気になった書店や喫茶店、記念館などの住所をメモしておく。

一方で、新潟に行くことを丹治さんに伝えると、新潟の知人に連絡してくれるという。その後、メールのやり取りがあり、着いた日の夜に飲むことになった。また、広島で開催されている「ブックスひろしま」のメンバーであるツグミさんが、転勤でしばらく前から燕三条に住んでいることを知っていたので、連絡して会うことになっている。

すでにして、準備は万端である。

あれっ？　目的のない旅じゃなかったっけ。

北書店からのスタート

朝九時すぎに東京駅を発車する「とき」に乗る。スキー客がいるかと思ったら、車内はガラガラ。根本敬の『人生解毒波止場』（幻冬舎文庫）を読んでいるうちに寝入ってしまい、気づいたら外は一面の雪だった。

新潟駅には十一時着。寒いと聞かされていたが、ホームに立った感じではそれほどでもない。駅前の路上には溶けかけた雪があり、上を歩くとズルッとすべる。雪国仕様の靴を持ってないので、これはしかたがない。

駅前からバスに乗る。駅からまっすぐの道を走り、萬代橋を渡ると、川の向こうのほうに船が見えた。しばらく行って、途中を左に曲がる。この辺りは古くからある街並みのようだ。正面に白山神社が見えてくる。

ここでバスを降りて、市役所のほうに歩く。路上には、雪が積もっている部分と溶けかかっている部分があり、前者に足を突っ込めば歩きにくいし、後者はツルツルとすべる。一足ごとに慎重になる。地元の人がその横をすいすい追い抜いていく。さらに、学生の自転車が猛スピードで走っていく。よく転ばないものだ。交差点を渡り切るのに何分かかっただろうか。これは先が長いぞ。

目的の場所が判らなくなり、目についた交番で尋ねると、隣のビルだった。一階にはいくつかの店があるが、大きな柱があるので、外からはちょっと目につきにくい。そのひとつが〈北書店〉だ。

小さな町の書店だと聞いていたが、入ってみると意外に広く感じる。正面が新入荷の棚で、その横が郷土関係と地方で出しているミニコミなど。奥の大きな棚は半分が文庫で、半分が単行本。窓際には暮しや食事に関する本。レジ横は絵本と美術のコーナー。いちばん奥では小さな展覧会ができるようになっていて、その辺りにフライヤーが置かれている。ざっと、そんな感じだろうか。

一言でまとめるなら「個性的な棚」ということになるのだが、そういう言葉ではなんにも表していないだろう。セレクトショップと云われる書店に行くと、たしかに、よく選ばれているし、雰囲気もいいのだが、どこかで見たような感じを受けることが多い。どこかに「理想の個性的イメージ」が蓄積されていて、おのおのの店がそれをダウンロードしているような……。うまく表現できないけど、北書店にはそんな類型的な個性化を拒否するところがある。いまの世の中の支配的な空気である「ゆるふわ」とは違う、もっと地に足のついた店にしたいのではないか。

店内を広く感じたのは、スペースに比して、並んでいる本の数が少ないからだ。レイアウトを変えて、もう少し棚を増やせば、この倍の冊数は置けるだろう。そうしないのは、この店で働いているのが店長の佐藤雄一さんただひとりであり、自分の手の届く範囲で店をつくっていきたいからだろう。

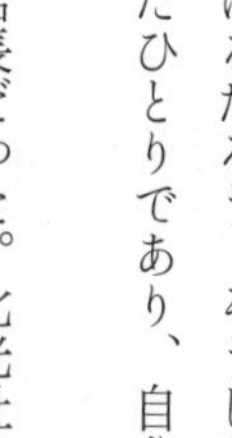

佐藤さんは、古町にあった〈北光社《ほっこうしゃ》〉という書店の店長だった。北光社は別の場所で創業したのち、一八九八年（明治三十一）に古町に移転し、地元の人々に親しまれていた。古町十字路という中心地に位置し、待ち合わせのスポットとしても有名だったという。その北光社は二〇一〇年一月に閉店した。そして、その三カ月後に佐藤さんはここで北書店を開いたのだ。北書店で使われている書棚は、北光社から受け継いだものだそうだ。

小さい書店では、巨大書店と違い、一冊の本が際立って見える。北書店でも買いたい本が何冊も見つかった。しかし、到着したばかりで荷物を増やすのでは、いつもの旅と変らない。ここは我慢せねば。

と思いながらも、気づいたら、『街の記憶　劇場のあかり　新潟県映画館と観客の歴史』（月刊ウインド二百五十号記念）という大判の本と、新潟の「砂丘館」が発行した『洲之内徹と新潟』という小冊子、川口明子『大塚女子アパートメント物語　オールドミスの館にようこそ』（教育史料出版会）なんて本を買っていた。やんぬる哉。

ぼくよりも先に来ていた男性客は、店内の椅子に立ったり座ったりして、ずっといる。まだまだ帰るつもりはなさそうだ。

古町を歩く

北書店を出て、またすべりつつ歩きはじめる。とにかく雪のないトコロに入らねば。三分ほど歩いて、古町通の端にたどり着いた。古くからの店が残っているとともに、雑貨店やブティックなど新しい店が入っている。洋書やリトルマガジン、CDを扱う〈BOOK OF DAYS〉というシャレた店もあった。シャッター商店街化が進んでいる地方都市が多いことを考えると、まずまずバランスのいい方だと云えるだろう。

腹が減ってきたので、吉上さんに教えてもらった〈楼蘭〉という中華料理屋に入る。戦前からやってます（推測）という店構えが素晴らしく、情報なしでもココに入ったと思う。一階は満員で、二階の座敷に上がる。ビールとギョーザを頼んで、あとでラーメンでも食べようと思ったが、やってきたギョーザが肉厚で大きく、それだけでメインになりそうだったので、半ライスを頼んでいっしょに食べる。満足。

その向かいにある〈ヒッコリースリートラベラーズ〉は、Tシャツや文具などが並ぶしゃれた感じの店。店舗をやりながら、デザインの制作も行なう。ぼくはのちに、この店の二階を借りて、自分の集めてきた本や資料を見せながら話す「本見せナイト」を開催させてもらうことになる。

さらに、東の方へ歩くと、左側に〈萬松堂《ばんしょうどう》〉という新刊書店がある。四階建てぐらいで、いかにも老舗書店らしい、どっしりした感じだ。その数歩先が古町十字路で、閉店した北光社のビルがいまでも残っている。古くからある大きな新刊書店が二軒も隣り合わせているなんて、新潟の人たちはなんて幸せだったんだろう。

同人誌『ｓｕｍｕｓ』十三号の晶文社特集には、ぼくが聞き手で営業部の島田孝久さんのインタビューが掲載されている。島田さんは一九七〇年に同社に入社し、北陸の書店への営業回りを経験している。それによると、萬松堂には晶文社の常備コーナーがあったという。また、同特集の付録として、一九七三年の晶文社図書目録が復刻されているが、その「晶文社常備寄託店一覧」には萬松堂と並んで、北光社の名前も見える。

十字路を北に歩くと西堀通で、そこからちょっと入ったところに、〈ＳＷＡＮ〉というジャズ喫茶がある。奥にはドラムとピアノが置かれ、ライブもやる店のようだ。薄暗い席に座ると、どこからか白い猫が走って来て、ぼくの隣にちょこんと座った。店の人が「こいつ、お客さんが好きなんですよ」と苦笑しながら、猫を連れていった。ほかに客はいない。かかっているのはピアノトリオのＣＤ。奥にはレコード室があり、棚にはＬＰが何百枚も収められている。リ

ヒッコリースリー
トラベラーズの二階。器やデザインなどの展示を行なう

古町の料亭。この辺りは
戦前は花街として栄えた

クエストしようかなと思ったが、今回はやめておく。

一時間ほどいて店を出ると、さっきからポツポツ降っていた雨が、雪に変わっている。信濃川の遊覧船に乗ろうと思ったが、これだとどうかな。電話してみると、冬は運行する便が一部しかなく、ここから出発場所まで行くのが大変そうだ。とりあえず、新潟駅まで戻ってみるか。

雪の中を新津《にいつ》へ

新潟駅から、信越本線に乗る。目的地は新津だ。

北書店の佐藤さんから、時間があればぜひ寄ってほしいと勧められたのが、新潟市の郊外にある〈英進堂〉という新刊書店だった。丹治さんからも同じことを云われていたので、この際行ってみることにした。

　新津の駅前は、一面の雪。踏み固められた雪の上を注意しながら歩く。駅前通りに行ってみると、シャッターの下りている店が多い。「古本」という看板を見つけて行ってみると、文庫とコミック、エロとCDという、いまどきの新古本店でとくに欲しい本はなかった。その向かいの建物の上にも「古本」とあったので、苦労して道を渡ったが、まったく別の店だった。以前にココで営業していた古本屋がいまの場所に移ったのだろうか。

　駅前まで戻って、タクシーに乗る。大きな道路沿いに出て、マクドナルド、ファミレス、パチンコ店、ブックオフというおなじみの光景が見えてきた。その一角に英進堂はあった。

信濃川を水上バスで渡る

英進堂。この外観からは棚の奥深さはうかがいにくい

店構えは、中規模の郊外型書店。入った辺りの品揃えには、取り立てて特徴はない。しかし、奥につれて、次第に濃密な感じになってくる。ノンフィクションや人文書の一冊一冊が存在を主張しているようだ。

平積みになった本には、タテ長の手書きの帯が掛けられている。派手なPOPではなく、そっけない文字で簡単に内容が紹介されている。また、一部の本にはパラフィンが掛けられている。最初は古本を併売しているのかと思ったが、古本コーナーは別にあり、コレは新刊のようだ。この本は丁寧に扱いたいという気持ちが伝わってくる。

驚いたのは、郷土関係コーナーだ。奥の窓際のかなり広いスペースが、新潟か新津に関する本なのだ。今日、新津に来るとは考えてなかったので、さすがの耳年増もこの土地に関する知識はない。それが、ひと通り棚を眺めるだけで、坂口安吾、會津八一、良寛、そして高野文子が新津の出身者であること、かつての新津には鉄道の設備や学校があり「鉄道の町」と呼ばれていたことなどが判った。同人誌や私家版らしき出版物もあり、新津の鉄道に関する写真集をこの場で買わなかったことを、あとで悔やむことになる。

「東京に損なわれた都市《まち》・新潟を、同地に暮らす美術評論家が見つめる」というオビ文に惹かれて、大倉宏の『東京ノイズ』（アートヴィレッジ）を買う。この本にもパラフィンが掛かっていた。大倉氏はギャラリー〈新潟絵屋〉の代表。『気まぐれ美術館』シリーズを書いた洲之内徹と交流があった。洲之内は五十代以降にしばしば新潟を訪れ、遅れてきた青春を楽しんだ。二〇一四年には新潟市美術館で「洲之内徹と現代画廊」展が開催され、洲之内と新潟の関係をより深く知ることができた。

店を出ようとすると、後ろから声をかけられる。英進堂の二代目店主・諸橋武司さんだ。ツイッターで「これから新津の書店に行く」とつぶやいたのを見て、ぼくが来るらしいと知ったのだという。奥のカウンターでコーヒーをいただきながら、新刊書店のありかたについてのお話をうかがう。英進堂は五十年前に新津の駅前で開業した。元の店のあった場所はさっき行った新古本店で、「うちで使っていた仕切り板をいまでも使っていますよ」と云う。帰りは新津駅まで車で送ってくれた。

新潟に戻る信越本線の車中で観光パンフレットを眺めていて、新津駅前には坂口安吾の碑があり、墓も近くの大安寺にあると知った。惜しいことをしたかなあ。まあ、どっちみち雪だから行きつけなかっただろうが。

日本海タワーでなごむ

駅に戻り、ホテルにチェックイン。南口の通路から直接行ける。一時間ばかり横になり、七時に改札口でツグミさんと待ち合わせる。明日は休みなので、新潟駅前のホテルをとったという。今夜は飲む気まんまんだ。

　またバスに乗って、古町へ。路地の奥の二階にある〈KAFER PALM〉という喫茶店で、近況を話し、八時半に「人情横丁」という飲み屋街にある居酒屋〈案山子《かかし》〉へ。のちに知ったが、この店は野坂昭如らの行きつけの店で、田中小実昌のエッセイにもその名前があった。しばらく待つと、北書店の佐藤さん、それに続いて、『まちの日々』の上田浩子さん、「にいがた空艸舎」というイベントを主宰する亀貝太治さんがやって来た。いずれも、新潟の町をすみずみまで知っている人たちだ。

　明日歩けそうな場所を教えてもらい、こちらは例によって「新潟で一箱古本市をやったら面白いですよ」と焚きつける。新潟の地酒が際限なくお代わりされ、気づいたら十二時を回っていた。料理も美味しく、これでひとり二千円台というのが信じられない。今日みたいに、地方で安い店に連れていってくれた人が上京したときに、お返しに東京の美味しい店を紹介したいのだけど、うまさと安さが反比例することが多い。

亀貝さん

　タクシーで駅まで行き、別のホテルに泊まるツグミさんと別れて、南口への通路まで行くとシャッターが閉まっている。駅の入り口はもちろん閉鎖。交番で訊こうにも誰もいない。どうすれば、反対側に出られるんだ!?

客待ちのタクシーに聞いて見ると、西側に通路があるという。そこは閉鎖されておらず、南口に渡れたが、そこから東側にあるホテルまでは、雪の中を歩いていかねばならないのだ。酔った身だから、なんどもひっくり返りそうになった。駅から直結しているのをウリにしてるのに、十二時すぎると閉鎖するなんて、予約のときにもチェックインでも一言も云われなかったぞ。だいたい、なんで通路を閉鎖する必要があるんだよ。ホームレス対策なのか？

文句を云いながら、風呂に入ってその日は寝た。

翌日は晴天。ほとんど雪は消えていて、散歩するのにはよさそうだ、まず、萬代橋を越えたところにある〈びすとろ〉という喫茶店でコーヒーを飲む。近所のお

日本海タワーの入り口。
全体像はかなり離れないと
見えない

喫茶室のコースターと
新潟市水道局の
キャラクター
「水太郎」

ばさんがマスターとずっと喋っている。コーヒー百五十円という安さに驚く。

そこから日本海に向かって北上し、西大畑・旭町をめざす。この辺りにはいくつかの記念館や、公開保存されている古い建物がある。そのいくつかを見学しようと思っていたのだが、昨日は月曜日でほとんどが休館。今日なら開いているかと思ったのだが、世間ではすでに年末だということを忘れていた。ほとんどが、そのまま年末年始の休館に入るのだ。

それでも、〈會津八一記念館〉では「わざわざ東京からいらしたのですから」と、展示を見せてもらえたし、旧市長公舎を利用した〈安吾　風の館〉は開館していて、安吾忌についての展示を興味深く見た。周囲には古い町並みが残っているので、歩いているだけで飽きない。

旭町の日本海タワーは、配水場の屋上に展望室が設置されたもので、床がゆっくりと回転し、360度の風景が見られるようになっている。客は一、二組しかおらず、売店のおばさんたちの無駄話が延々と聞こえてくる。テーブルに座って、半周する風景を眺めていると、やっと目的のない旅に来ているのだという気分にひたれた。

昼すぎにまた古町に戻り、〈白十字〉という喫茶店の二階でコーヒーを飲む。それからツグミさんと待ち合わせ、〈キリン〉という洋食屋でハヤシライスを食べる。そして昨日に続き、北書店に寄った。わずか一日なのに、かなり棚が動いていることに感動し、その感動とあとは東京に帰るだけだということを言い訳にして、さっき入荷したという、恩地邦郎編『新装普及

版　恩地孝四郎装本の美』（三省堂）を買ってしまう。B5判で五千円の本をわざわざ新潟で買って、東京に持って帰る意味が、我ながらよく判らない。

しかし、内田百閒の『阿房列車』も、用事のない旅と云いながら、招かれた宴会には出ているし、同行のヒマラヤ山系君が国鉄勤務であり、自らが作家であることの役得もそれなりに享受している。苦虫をかみつぶして、厭々ながらそれを受け入れるところが可笑しいのだが。だったら、ぼくの旅がいつも目的のない旅にならず、相変わらず荷物が多くなってしまっても、気にしなくてもいいのかもしれない。

不器用な旅も、そんなに悪くない。

鉛筆でなぞるように

この旅の半年後、佐藤さんや亀貝さんが中心となって、「ニイガタブックライト」を結成。学校町通のフリーマーケット「現代市《いまいち》」の日に、路上や神社の境内を使って、一箱古本市を開催した。その初回にぼくも参加しているが、九十箱もがずらっと並ぶ様子は壮観だ。販売が終わると、北書店に場所を移して表彰式。その後は店内で打ち上げに突入する。この店ではときどき人が集まって、「北酒場」なる飲み会を開いていると聞いていたが、その常連が手際よく棚を横にどかし、テーブルをセッティングしていく。一箱の店主さんやお客さんと話せて楽しい。
また、新津のある秋葉区でも英進堂が主体となって、秋葉神社で一箱古本市を開催。ほぼ毎月行なわれており、店主もお客さんも知り合いばかり。その日に来ない人がいると、「体の具合でも悪いんじゃないの？」と心配するという。地元密着のゆるい一箱古本市のようだ。

ニイガタブックライトが毎回ぼくをゲストで呼んで、一箱古本市に合わせてトークなどを企画してくれる。内野駅前にある〈ツルハシブックス〉という変わった書店（三十歳以上は入室禁止の地下室があり、真っ暗やみの中で電灯の光で本を探す）があるが、その二階のカフェ〈イロハニ堂〉で、「フリーペーパーの設計図」をつくるワークショップを開いたこともある。新発田市の〈古本いと本〉の伊藤かおりさんの企画で、彼女は店舗を持たず、どこかのスペース

学校町通での一箱古本市（2011年）。菅原神社の境内が人であふれた

沼垂での一箱古本市（2014年）。旧市場の建物が興趣をそそる

東京出口という屋号の箱。アヤシイ品揃えで南陀楼綾繁賞を受賞

に古本を置いたり、イベントで販売したりしている。

駅に着くと、まずレンタサイクルを借りて、町なかを流す。新潟の道は広いので、どこでも自転車で入っていける。古町商店街、北書店、市立美術館、安吾風の館、砂丘館など、おなじみになった場所を一巡りする。

日本海タワーもそのひとつだったのだが、残念ながら、二〇一四年六月末で閉館してしまった。その一か月前に最後に昇ることができたが、新潟市民におなじみの場所だったせいで、驚くほど多くの人が展望室にいた。父親が娘に「お父さんが小学生のころにも来たことがあるよ」と話しかけているのを聴きながら、タワーが三回転するまでベンチに座っていた。

鉛筆で同じ線をなぞるように、いつもの場所を回りつつ、そこからちょっとはみ出してみる

内野のツルハシブックス。
店主の西田卓司さんを中心に
ユニークな人たちが集まる

内野のマルカク醸造場。
何種類もの味噌や味噌漬けを
売っていた

安吾風の館。
旧市長公舎に坂口安吾関係の
資料を展示している

のも楽しい。

沼垂《ぬったり》にもそうやってたどり着いた。

この沼垂という地名は『日本書紀』にも出ているらしい。古信濃川に面した地域で、江戸時代には新発田藩の年貢米を管理する蔵所《くらしょ》が置かれ、発展した。いまでも、白山神社をはじめとする寺社と小路が残っている町だ。

レンタサイクルで行ってみると、たしかに古町あたりとは異なる、どっしりとした歴史を感じさせる。小路という名前だが、一つ一つの道幅はけっこう広い。高い建物はほとんどなく、北の方向に製紙会社の大きな煙突がそびえ立っている。

沼垂に行ったらぜひ！ と知り合いに教えてもらった〈衆楽〉で、「ラーチャン」とビールを頼む。醤油ラーメンとチャーハンのセットだが、あっさりした味で気に入った。

その後、周辺を自転車で流していたら、〈香蘭〉〈東来順〉〈麗香〉〈栄華楼〉など、やたらに中華料理店、それも創業年代が古そうな店が目についた。そば屋はほとんど見つからないのに、フシギだ。地元の人の話では、沼垂周辺には工場が多く、労働者が手軽に食べられるからラーメン屋が増えたということだが、そういう理由だけではここまで残ってないような気がする。今後の宿題だ。

衆楽のある通りは石井小路といって、かつては市場や朝市で栄えた。いまでは、長屋風の建物だけが残り、ほとんどが空き家になっている。それが、この数年で変わりはじめた。地元で有名な居酒屋〈大佐渡たむら〉が中心となって、空いている長屋に店舗を誘致した結果、若い世代の店主の店が増えていったのだ。

最初にココに入ったのは、たむらの向かいにある〈ISANA〉で、手前がカフェ、奥が家具と染織品の工房になっている。ボロボロだった建物を、夫婦でリフォームした。店の雰囲気と奥さんの中川なぎささんのやわらかい接客にほだされるように、思わず長居してしまった。

また、並びには以前、古町に店があった古本屋〈Fish on〉が移転してきた。入口で靴を脱いで上がると、文学やエッセイなど趣味のいい本が並んでいる。ぼくはいつも店頭の百円均一棚から何冊も買ってしまう。

その半年後の二〇一四年秋、みたび沼垂に行った。今回はこの地で開催される一箱古本市に参加するためだ。この旧市場通りでは二年前から、個人経営の店や手づくり品の作家によるマーケットとワークショップの催し「沼垂テラス」が開催されてきた。このイベントに合わせて、一箱古本市が開催されるのだ。

空き家ばかりだった長屋には、この半年でずいぶん店が増えていた。沼垂テラスの当日にオープンしたという店もあった。一箱古本市は長屋とその前に設置されたテントで開催された。途中に雨が降ったが、飲食の屋台が立ち並ぶお祭りのような雰囲気で楽しく過ごした。打ち上げでは、沼垂テラスの人たちと話し、この町のよさを残しつつ、新しい沼垂をつくっていこうという決意を感じた。

しかし、ぼくにはあの一言が忘れられない。

一箱古本市の前日にISANAを借りて、フリーペーパーのワークショップを行なった。その準備で店に入り、「ずいぶんにぎやかになりましたね」と話していたとき、なぎささんがぽつんと、「お店が増えていくのは嬉しいけれど、これまでの静かな風景は、これからはもう見れないんだなって思います」と云った。

これまでの町と、これからの町。どちらもいい風景であってほしいと、そのとき痛切に感じた。

ISANA。ご主人の
中川雅之さんは秋葉区にも
家具工房を持っている

『まんが道』と鱒寿司

富山・高岡（富山県）

～二〇一四年五月～

富山・高岡の旅あるきMAP

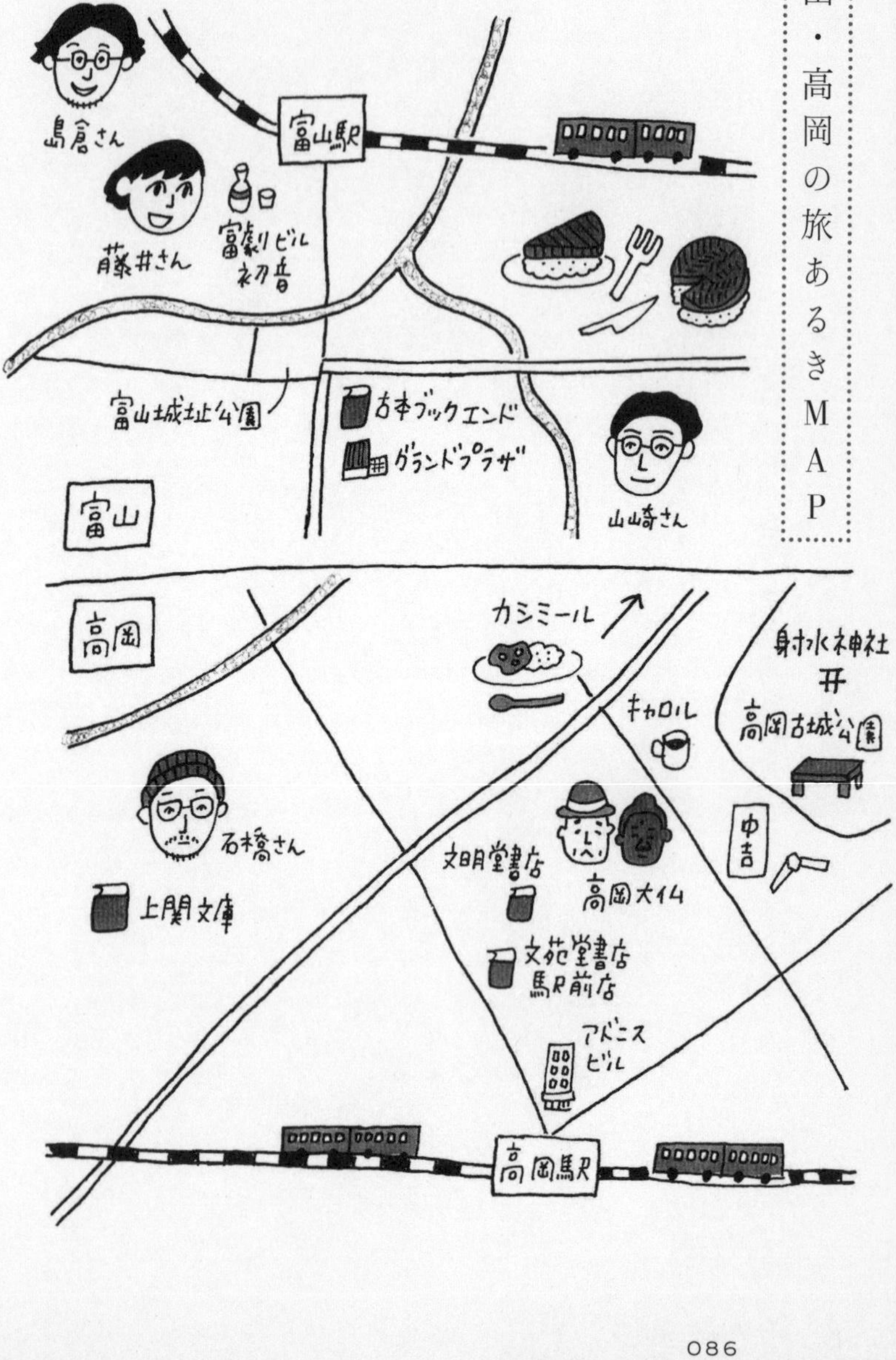

二〇一四年四月に久しぶりの新刊を出した。『谷根千ちいさなお店散歩』（WAVE出版）というタイトルどおり、谷中・根津・千駄木の四十店を取り上げた本だ。谷根千には老舗も多いが、この本では、主に二〇〇〇年代以降に開業した店にしぼり、店の特徴を伝えるとともに、その店主がどうやって開業したのか、谷根千で店を営むことについてどう感じているかを聞いて、まとめた。

その中には、「〈谷根千〉記憶の蔵」や「貸はらっぱ音地」のように、ビジネスを目的とするのではなく、地域活動の拠点となっている場所も入れた。ぼく自身がこの数年、コミュニティ・スペース的な場所のあり方に興味を持っていることもあるが、町のなかで個人経営の小規模店が果たしているのと共通する役割を持っているように思えたからだ。

タイトルから店ガイドが主体の本だと受け取られるのは仕方ないが、ぼくとしては、「ちいさなお店」という言葉に反応して、手に取ってくれる人が出てほしかった。「谷根千」というを自分の知っている町に置き換えても通じる本だと思うからだ。

五月ごろから、この本に関するトークを各地でさせてもらった。不忍ブックストリートweekに合わせての日暮里〈古書信天翁《あほうどり》〉でのトークを皮切りに、盛岡、川口、そして東京で三回。毎回テーマと話す相手を変えるので、話していて飽きることはない。販促のためもあるが、この機会に、いま話せる人と話しておきたかった。

一連のトークで、最も過酷だったのは、五月末からの四日間だ。新潟から始まり、富山、京都、津と移動しつつ、それぞれの町でトークをした。文字通りの「トークツアー」だ。

四十代後半で体も疲れやすくなっているのに、こんな日程になったのは、ひとえに金がないからだ。有料のトークと云っても、一か所に集まるのは多くて三十人。その謝礼を出してもらっても、交通費と宿泊費にはとうてい足りない。かといって、懐に余裕もないので、自分の持ち出しはなるべく少なくしたい。その結果、一回の旅で四か所をこなすことになった。

どう回れば、一番安く効率的なのか。

「不忍ブックストリートMAP」のデザインを長年手がけてくださっていて、ぼくの周りでは最も鉄道にくわしいデザイナーの板谷成雄さんに相談すると、JRの乗車券の買い方を説明した紙を渡してくれた。一筆書きのようなルートで、そこから外れる駅までは乗り越し精算すると、個別に買うよりかなり安くなるのだ。云われたとおりに切符を買い、途中下車しながらの旅となった。

宿泊費もかけられないので、京都と津では知人の家に泊めてもらうことにした。高田渡がライブでよく「ギャラより高い交通費〜」と歌っていたが、各地の皆さんのご厚意で、なんとか持ち出しなしでツアーを終えることができた。

日本海沿いを走る

初日の新潟は、新潟日報社が萬代橋のたもとに建てたメディアシップなるビルの二十階で、〈北書店〉店主の佐藤雄一さんと話した。不忍ブックストリートから出張した吉上恭太さんが、オープニングアクトとして数曲披露してくれたり、新潟で店や地域活動をしている人が発言したりと、活気のあるトークとなった。

翌朝は五時すぎに起き、ホテルの下にある吉野家で朝定食を食べて、新潟駅へ。「北越2号」で富山へと向かう。昨夜の打ち上げでの酒が残っていて、車内ではぐったりと眠る。ときどき目を開けて、単調な風景を眺める。途中、日本海が見えてくるとテンションが上がるのは、島

車窓からの日本海。
単調な風景だが懐かしい

高岡大仏の隣にある家も
黒い瓦屋根だった

根県人だからだろう。太平洋を見るときには、それほど感情が動かされないのは不思議だ。

新潟県は東西に長い。なかなか富山県に入らないなと思いはじめた頃、民家に黒い瓦が目立つようになった。それもただの黒ではなく、油絵の具を盛り上げたような濃厚な黒だ。あとで調べたら、屋根の雪を落とすために、黒い釉薬《ゆうやく》が塗られているのだという。島根でも、家々の屋根に赤みがかった石州瓦が見えてくると、「ああ、帰って来たなあ」と感じる。

しばらく走ると、魚津という駅に止まった。蜃気楼が見えることで知られる町だ。向こうに商店街のようなものがある。遠目にも、よさそうな町並みだと判る。いつか、降りて歩いてみたい。

江戸川乱歩の『押絵と旅する男』の主人公も、この町に蜃気楼を見にやってきた。二時間以上も立ちつくして、蜃気楼の魔力にとらわれた男は、ぼくとは反対方向の新潟方面の列車に乗り込む。

> 汽車は淋しい海岸の、けわしい崖や砂浜の上を、単調な機械の音を響かせて、はてしもなく走っている。沼のような海上の靄の奥深く、黒血の色の夕焼が、ボンヤリと漂っていた。異様に大きく見える白帆が、その中を、夢のようにすべっていた。少しも風のない、むしむしする日であったから、ところどころひらかれた汽車の窓から、進行につれて忍び込むそよ

風も、幽霊のように尻切れとんぼであった。たくさんの短かいトンネルと雪除けの柱の列が、広漠たる灰色の空と海とを、縞目に区切って通り過ぎた。

この車内で、主人公は奇妙な包みを抱えた男に出会うのだった。

「おれたちの場所」に座る

富山市を過ぎ、一時間近く経って到着した高岡駅で、ホームに降りた。

改札口には石橋奨さんと奥さんのなほさんが出迎えに来てくれていた。石橋さんは以前、東京に住んでいたときに不忍ブックストリートの一箱古本市に〈古本すなめり〉の屋号で出店。その後、実家のある高岡市に帰り、古本屋を開くべく準備していた。ぼくは金沢や新潟の一箱古本市で顔を合わせている。

二〇一一年に高岡市で〈上関文庫〉を開店。そればかりか、翌年には富山市で〈古書ブックエンド〉もオープンする。その共同経営者が、オヨちゃんこと金沢〈オヨヨ書林〉の山崎有邦さんだ。オヨヨ書林はネット古書店として出発し、その後、根津で店舗を持った。不忍ブックストリートをはじめたときの仲間である。

高岡駅前は最近に再開発されたらしく、綺麗ではあるが殺風景な感じ。ちょっと離れたところに、古くてどことなく異様なビルが建っている。「アドニスビル」といい、かつてはブティックも入ったお洒落スポットだったそうだが、遠目ではとてもそうは見えない。最近までその手前に「高岡駅前ビル」というもっと古いビルがあり、「香港の九龍城《クーロン》みたいでした」となほさん。見られずに残念だ。

高岡には一度来てみたかった。もちろん、藤子不二雄の自伝漫画『まんが道』の舞台だからだ。小学校で出会った満賀道雄（安孫子素雄）と才野茂（藤本弘）は、漫画の魅力にとり憑かれ、二人でプロの漫画家になることをめざす。思いたったら行動に移してしまう若さ、才能への不安、友情や片思いなど、すべての要素が詰まった青春記で、十代の頃から繰り返し読み返している。彼らが長い「まんが道」の第一歩を踏み出したのが、北陸の田舎町だったというところも、山陰の片隅で暮らしていたぼくには感情移入しやすかった。

石橋さんには別にそういうことを伝えたわけではないが、高岡の町を歩くということは、自然に『まんが道』をたどる旅になるようだった。

まず訪れたのは、高岡大仏。「日本三大大仏」の一つだという話だが、それにしては、意外に小さい。正面に廻ってみると、大仏が鎮座している台座の中に入れるようになっている。そこへ向かおうとしたら、一人の老人に声をかけられた。

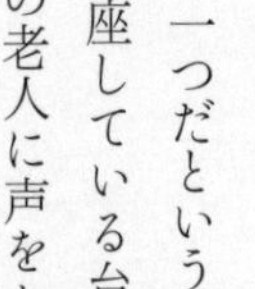

「説明するから、ここで待ちなさい」と云われ、問答無用で、後から来たサラリーマン風の男性二人組と並ばされる。勝手に見に行くことは許されなさそうだ。ちなみに、この日の高岡は五月待つとは思えぬ猛暑で、じっと立っているだけクラクラしてくるほど暑かった。

老人はボランティアで大仏の案内をしているようだが、それにしてはフレンドリーではなく、役所の受付みたいな堅苦しい棒読みの口調で、由来を説明する。最初の大仏は木造で、十三世紀に建立された。現在の大仏は一九三三年（昭和八）に開眼したものだという。

今夜のトークの成功を祈願してから、台座の中に入ると、そこは回廊で、大仏建立の歴史の展示となっている。ひとめぐりして外に出ると、さっきの老人が椅子に座っている。いつからボランティアをやっているのか尋ねると、十五年になると答える。それにしては、慣れてない

駅前から遠くに
アドニスビルが見える

高岡大仏。意外に小さく、
新しい感じがする

なあ。いかつい顔つきだが、話しているうちににこやかな表情になる。堅苦しい説明でも、当人はけっこう楽しくやっているのかも。

そこから数分のところにある、古城公園へ。江戸初期に高岡城が建てられたが、一国一城令によって廃城となった跡地が公園になっているのだという。

入ってすぐの右側に相撲場があり、その横の小高くなっているところにベンチがある。「二つ山」と呼ばれるここに、満賀と才野はよく集まった。手塚治虫の『新寶島』を読んだのも、完成した肉筆回覧誌を眺めたのも、二人が投稿した『漫画少年』をめくったのもここで、『まんが道』では「おれたちの場所」と名づけられている。

一九八六年にＮＨＫで放映されたドラマ版でも、この場所がよく出てきた（満賀は竹本孝之、才野は元「イモ欽トリオ」の長江健次が演じている）。そのベンチに座ってみると、それらの場面が脳裏によみがえる。

ちなみに、手塚の単行本や『漫画少年』を買ったのは、〈文苑堂〉で、この日は行けなかったが、現在でも営業中である。安孫子はこう書いている。

――その頃の僕たちは。毎日、映画館へ通うのと同時に市内にあった四軒ほどの書店を廻った。手塚漫画の新作を手に入れるためである。新聞広告などにのらないから、いつ出るかわからない。又、出版されたとしても、書店で仕入れるのは、一点一冊であった。高岡市にも手塚ファンは僕たちだけではないから、早く見つけて買わないと取られてしまう。それで、毎日行って書店のオヤジさんに『手塚治虫の本はまだ出ない？』と聞くのだった。しまいには顔になって、優先的に手塚漫画は僕たちにまわしてもらえるようになった。

（『二人で少年漫画ばかり描いてきた』文春文庫）

なお、二人が東京に漫画の原稿を送った郵便局も、以前と同じ場所にある。公園の奥には射水《いみず》神社がある。古い神社らしく、社殿も立派だ。隣にはおみくじコーナーがあるが、なぜか複数種類のおみくじがあった。『まんが道』では、東京で新人漫画家として仕事が増えはじめた年末に帰省した二人は、正月にこの神社で大凶のおみくじを引く。それが予言したかのように、持ち帰った仕事の締め切りをすべて落とし、出版業界から干されるのだった。「昔読んだときはピンとこなかったけど、ライターをするようになってからあの場面をときどき夢に見るよ」と云うと、石橋さんは笑った。この日のおみくじは中吉だった。

二つ山のベンチ

富山とカレーの関係性

古城公園の周りには堀が巡らされている。そのほとりにやたらとゴテゴテ飾りたてた店があった。〈俺たちの酒場　キャロル〉という店で、「大衆食堂」とも書かれているが、上には大きく「喫茶」とある。なんなんだ。

そこから細い道を抜けて大通りに出ると、看板建築の洋服店があった。もう営業していない様子だ。その先の商店街の中ほどに〈文明堂書店〉がある。女性が店主の古本屋で、郷土史の棚が充実している。一九八〇年代までは、高岡ぐらいの規模の町だとこういうスタンダードな古書店が一軒はあったものだ。

射水神社。境内には最近できたようなカフェがあった

キャロル。入り口には狛犬や女神像みたいなのもあった

前山洋服店。並びには謎の大人のおもちゃ屋もあった

炎暑の高岡を歩いたあと、なほさんの運転する車で富山市へ向かう。バイパス通り沿いに「パキスタン人が経営するカレー屋」があるというので、連れて行ってもらう。〈カシミール〉という名前のその店は、工事現場にあるプレハブの事務所みたいなところで、トイレも簡易トイレだった。

店の前にはだだっ広い空き地がある。富山では、パキスタン人がロシアに日本の中古車を輸出するビジネスをしている。この店は、そこで働くパキスタン人の食堂だったのが、日本人も利用するようになったのだという。カレーもナンもたっぷり出てきて、千円。たしかに通いたくなる味だ、この近くには、他にもパキスタン人の料理店があるという。富山とエスニックの思いがけない出会いなのだ。

それから三十分ほど走り、富山市に入った。

大学生のとき、青春18きっぷの各駅停車で途中下車し、まだ当時は富山でしか買えなかった(と思う)「鱒寿司」を買って食べた。ご飯の上一面に鱒が敷き詰められ、プラスティックのナイフで切り分けながら食べるという贅沢に感動したことはよく覚えているが、町のことはさっぱり覚えていない。駅から出なかったのかもしれない。

そんな富山初心者のぼくが連れて行かれたのが、中心街にある総曲輪《そうがわ》。浄土真宗の本願寺別院の門前町で、アーケードの商店街もある。そこに出来た〈グランドプラザ〉という商業施設の広場で、二〇一三年からブックイベント「BOOK　DAYとやま」の一箱古本市も開催されている。

石橋さんとオヨちゃんの〈古書ブックエンド〉は、アーケードからちょっと出た通りにある。面積は狭いが二階もあり、古本以外に新刊や近所のパン屋のパンも扱う。金沢の出版社・龜鳴屋の『岡本喜八　お流れシナリオ集』が出ていたことを知らなかったので、ココで買った。トーク開始まで時間があるので、駅近くの宿泊先に荷物を置きに行く。〈ウィークリー翔ホテル〉という名前だが、ゲストハウスみたいなところ。そっけない部屋だが、ともかく安いのがありがたい。

その裏にある〈富劇ビル〉は、かつて映画館と食堂街があったが、現在では五軒ほどしか残っていない。石橋さんに連れられて、そのうちの〈初音〉に入る。このあとトークで一緒に喋るピストン藤井が発行しているミニコミ『郷土愛バカ一代!』の第二号(黒部ダム怒濤編)に、この店についての記事が載っている。その中の「来る者を拒むかのように入り口横に積まれたおびただしい数の発泡スチロールは、実は仕入れた食材を保存する冷蔵庫の役割を果たしている」という一節を読み、この店で飲んでみたいと思っていた。

まさに描写通りの外観を眺めつつ入店すると、カウンターの奥でその記事を書いた島倉和幸さんが待っていた。映像関係の仕事をしている島倉さんは、こ

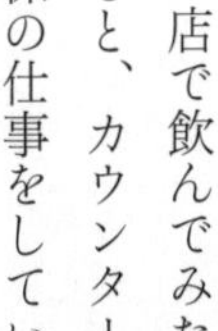

の店の常連だ。

一九六八年開店。七十七歳の経明尚江《つねあき》さんが、ご主人が亡くなったあと一人で切り盛りする。十席ほどの小さな店だ。高齢の尚江さんを気づかって、客は自分でビールを出して、尚江さんが自分のペースで料理を出すのを待つ。

登山客が訪れる店らしく、京大山岳部の大きな提灯が店内にぶら下がっていた。先輩から聞いたということで、どこかの登山部に属する大学生が飛び込みで入って来たが、若さからのせっかちゆえに「注文したのまだですか?」と聞いて、隣の人にやさしくたしなめられていた。尚江さんは、常連にも初めてのぼくにも同じように接していた。

ビールから日本酒の「立山」に切り替え、飲んでいると、刺身の皿がドンと置かれた。白身もうまいが、バイガイのコリコリした味はたまらない。おでん鍋で煮込まれた「蟹面」という、ズワイガニの甲羅にむき身を詰めたものも美味しかった。このまま飲んでいたかったが、トークがあるので、後ろ髪ひかれる思いで店を出る。

この富劇ビルは老朽化のために来年(二〇一五年)春に取り壊しが決まっており、それに合わせて初音も閉店するという。気軽に「また来ます」と約束することはできないが、なにかにかこつけて、もう一度立ち寄ることはできないだろうかと考えている。

等身大の郷土愛

路面電車に乗って、再び中心街へ。富山ライトレールといって、新しいタイプの車両を導入している。公共交通機関を生かしたまちづくりの成功例だと評価されていますよね？　と石橋さんらに云うが、「へえ、そうですか」という反応。地元の人にとっては、当たり前の存在なのだろう。

トークの会場となるのは、ブックエンドの並びにある〈dobu6〉という居酒屋の二階。予約人数が増えたので、急遽場所を変更したという。ライブをよくやるので、アンプやマイクも揃っている。

カシミール。飲食店には
見えない外観だ

富劇ビル。初音はこの外側に
入り口がある

初音。発泡スチロールの箱が
存在感を主張

今夜のトークのタイトルは、「復活！　古本ジェットストリーム〜北陸代理戦争〜」。オヨちゃんの店がまだ根津にあった頃、高円寺の〈古本酒場コクテイル〉で、ぼくと二人で本と音楽を紹介しながらダラダラと話すという、ゆるいトークをやっていた。その後、オヨちゃんは金沢に店を移転。二号店も出し、さらに富山にも進出し、石橋さんと〈ブックエンド〉を開いた（二〇一四年九月にはブックエンドの二号店もオープン）。まさに北陸古本界の雄だ。しかし本人は相変わらずで、久しぶりに会っても、ヘラヘラして、どんな話でも受け止めてくれるので安心した。

もう一人のゲストであるピストン藤井は、地元富山でライターをやりながら、ミニコミ『文芸逡巡別冊　郷土愛バカ一代！』を発行している。こんな名前だが、女である。

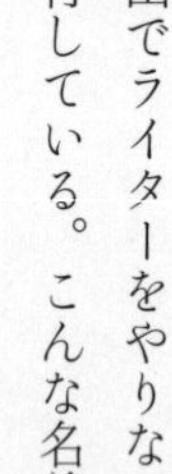

『郷土愛バカ一代！』は一色刷り・三十二ページで、レイアウトも適当の片々たる小冊子。「文芸逡巡別冊」とあるが、「本誌」は存在しないといういい加減さ。だが、ページをめくると富山のバカバカしくも強烈な人やスポットを愛でる誌面に魅了される。近年では、地方回帰の志向を受けてか、地方誌じたいがスローライフやロハスに傾いている。そういう雑誌は、なんだか綺麗にラッピングされているような気がする。しかし、『郷土愛バカ一代！』は包装紙をはがした下にある、くすんでいて、生々しい「等身大の地元」を見せてくれる。

そのピストンは遅刻して、客も揃い、もう待ちきれないから始めようかというときに到着。トークだからと慣れないスーツで正装してあたり、憎めない。大学の先輩に「床上手であれ」と名づけられたという下ネタ由来のペンネーム通り、露骨な話が大好きだが、それが下種《げす》に感じられないい、ナイスな姉ちゃんだった。なんだか、女なのに親友になれそうな感じ。会場に来た人には、男からも女からも慕われている様子だった。タイプは違うが、東京の野人イラストレーター、武藤良子にちょっと似ている。

どこで落ちたかよく判らない話でトークが終わったあと、その会場で打ち上げがあり、黒部という場所で古本屋を開きたいという男性や、明日京都に行くから〈マヤルカ古書店〉でのトークにも参加しますという女性（ホントに来てくれた）とか、いろんな人たちと話す。

十二時過ぎてお開きとなり、「もう一軒行こう！」とピストンが誘うのを振り切って、宿屋へ。腹が減ったので、近くのラーメン屋で「富山ブラックラーメン」を食べてみるが、珍しいが、一度で充分の味だった。

翌朝も六時前に起きて、富山駅まで歩く。「ここのが一番おいしいんです」と、岩田さんというブックエンドの女性店員にいただいた鱒寿司を車内で食べようとしたら、箸が入っておらず、例のプラスティックのナイフで、ご飯と鱒をすくいながら食べた。たしかにうまかったけど、食べにくかった。

『郷土愛バカ一代！』
ホタルイカ情念編（2013年）。
表紙はビリヤード場の女主人

鱒の寿し。木製の容器がいい感じ

トークツアーは今日で三日目。特急サンダーバードは京都に向かって走る。昨日降りた高岡に着くと、駅前のアドニスビルが遠くに見える。

そして、京都に着くと、昨日の高岡を上回る暑さが待っていたのだった。

カラスの目で町を見る

津（三重県）

～二〇一四年六月～

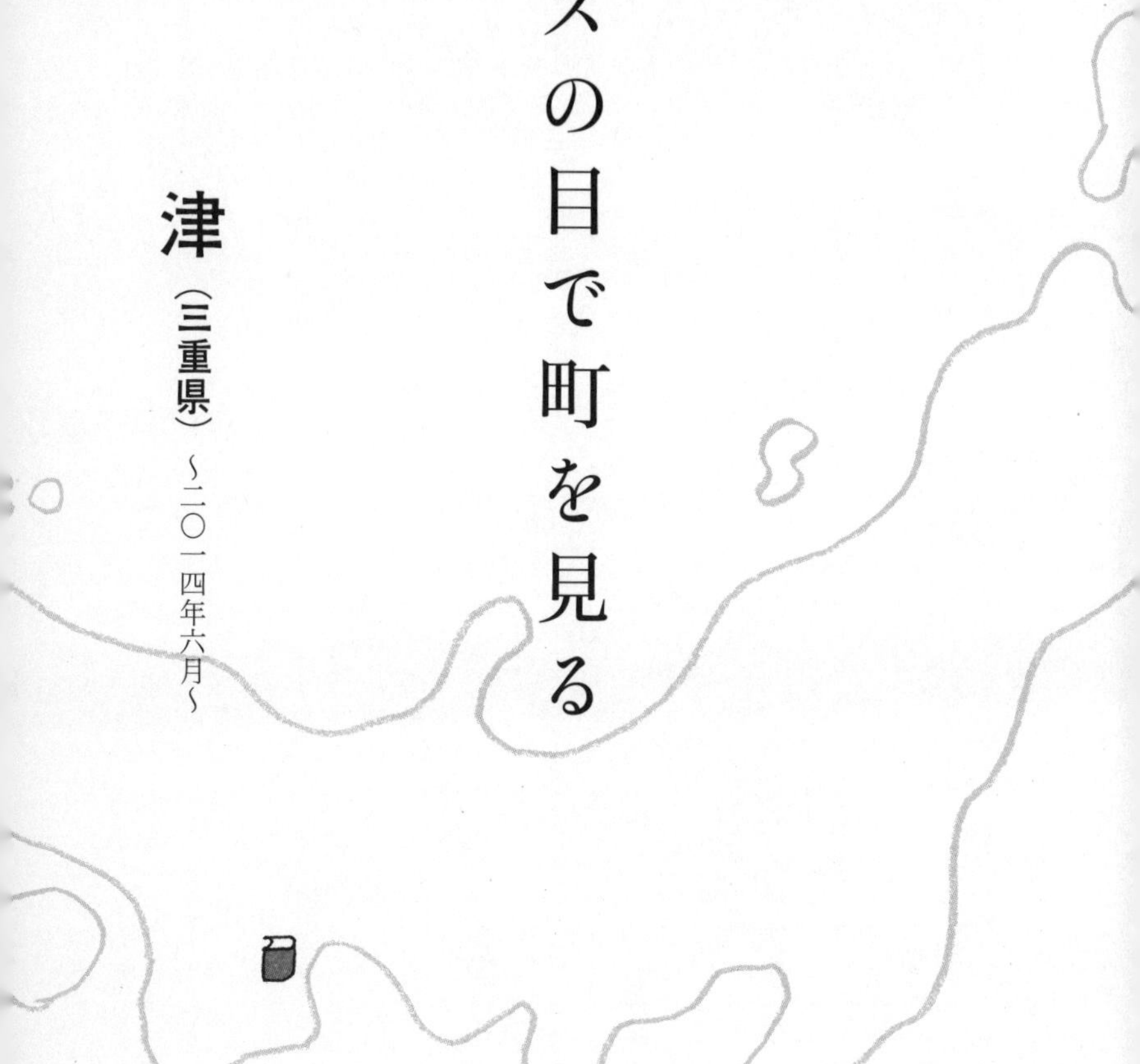

津の旅あるきMAP

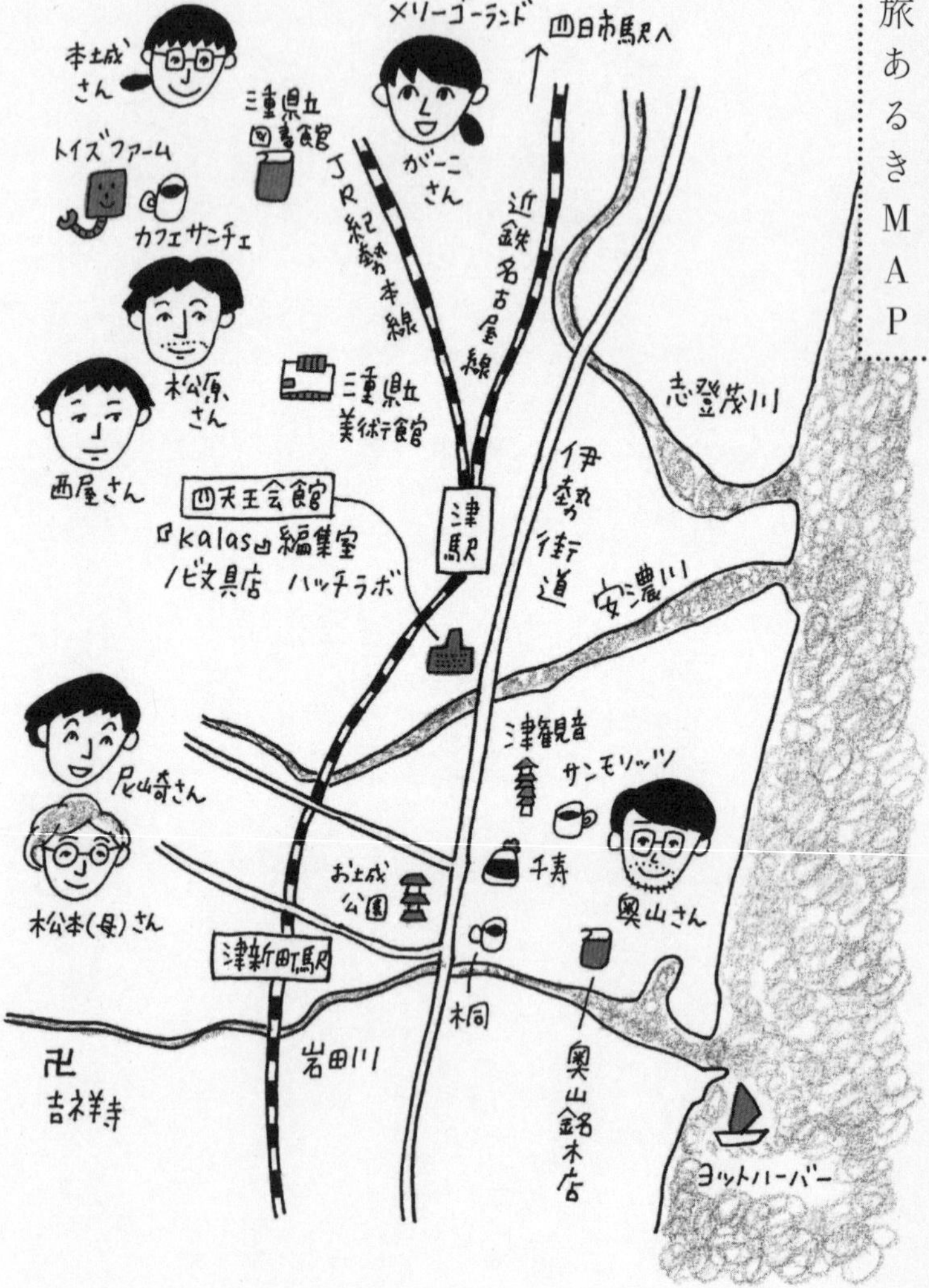
メリーゴーランド
四日市駅へ
本城さん
三重県立図書館
がーこさん
トイズファーム
カフェサンチェ
JR紀勢本線
近鉄名古屋線
松原さん
三重県立美術館
西屋さん
志登茂川
伊勢街道
四天王会館
『kalas』編集室
ノビ文具店　ハッチラボ
津駅
安濃川
尼崎さん
津観音
サンモリッツ
松本(母)さん
千寿
お城公園
奥山さん
津新町駅
桐
岩田川
奥山銘木店
卍
吉祥寺
ヨットハーバー

「津のまち鳥瞰図」を見ている。

三重県津市は東が伊勢湾に面していて、駅の西側には小高い丘が広がる。

ぼくは一年間で二回、この町を訪れたが、両方とも車に乗せてもらって市内を回った。これはよくない。風景がスッスッと通り過ぎてしまうからだ。

徒歩や自転車で町を回ったことがあると、あとで「あの角にはパン屋があったな」とか「あそこにヘンな看板があったな」とか、ふとしたはずみで思い出す。その微細な記憶が通りや町全体のイメージを補強してくれる。細部から積み上げていくと、その町への愛着が深まる。ときどき、その記憶がどの町で得たものだったか判らなくなることはあるけれど。

同じ車でも、バスや路面電車だと記憶に残りやすいようだ。停留所が区切りになるからか、行き先が決まっているからか。

人の運転する自動車だと、移動は楽だし、公共交通で行けない場所にも連れてってもらえるので便利だが、自分に決定権がないせいか、道が覚えられない。個別の場所についての印象は強いけれど、ぼくなりの町のレイアウトが定まらない。

そういうわけで地図を見ていると、少し記憶が蘇ってきた。

この鳥瞰図が掲載されているのは、津で発行されている『kalas《カラス》』という雑誌だ。

地域雑誌と呼ばれるメディアは全国各地にある。一九七〇年代にはタウン誌と呼ばれる情報誌が数々あり、いまでも続いているものもある。いま地方にある広告会社は、かつてタウン誌を発行していた例が多い。

一九八四年には『地域雑誌　谷中・根津・千駄木』が創刊。若者向けの情報誌とは一線を画し、地元で生活する人の聞き書きをもとに、さまざまな特集を組んだ。この『谷根千』の影響は大きく、各地でＡ５判の地域雑誌が創刊されている。

二〇〇〇年代になると、今度はビジュアル中心の大判が主流となる。なかでも、女性向けの読者を想定した雑誌、もしくはつくり手の主体が女性の雑誌が目立つ。レイアウトもすっきりとしたものばかりだ。

その中にあって『ｋａｌａｓ』はＡ５判で、西屋真司という男性がつくっている。デザインもほとんどの写真も営業もひとりでこなす。オールカラーだが文字はたっぷり入っている。なにより驚いたのは特集だ。店とか職業とか地元の歴史とかをテーマに特集を組むのが地域雑誌の定番だが、この雑誌の特集タイトルは「これからのダイヤル」「距離再考」「続けかたの創りかた」「幸せな孤立」といった具合で、これだけだと何やら判らない。しかし読んでみると、ひとつひとつの記事に津で暮らす人々の息遣いが感じられる。読み終わると、タイトルで云い表したかったであろうことが、腑に落ちたという気持ちになる。

はじめてこの雑誌を手にしてから、あちこちで言い触らしているうちに、発行人の西屋さんと東京で会う機会があり、谷根千を案内して喫茶店で話をした。その後、盛岡の「モリブロ」で地域雑誌のトークがあり、一緒に出演している。

そのときから、機会があれば津に行ってみたいと思っていた。

町の表面をひとなで

二〇一三年秋、呉での一箱古本市の翌日に、津へ向かった。新幹線で名古屋まで行き、近鉄の特急に乗った。よく晴れた日で、沿線の畑からの照り返しがまぶしい。二日酔いの頭で景色

『kalas』第24号(2014年12月)。特集「はったりはられたり」は津で製造されたマッチ箱から始まる話

四天王会館

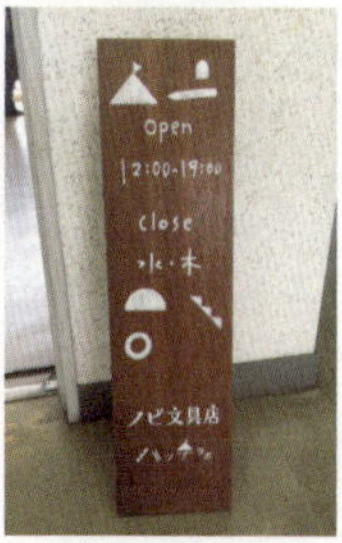

ノビ文具店とハッチラボ

を眺めているうちに、津駅に着いた。

駅には西屋さんが迎えに来てくれている。車に乗り、駅から数分のところにある四天王会館に着いた。カラスブックスはこの三階にある。

四天王寺は聖徳太子が創建したという伝承もある、曹洞宗の古い寺で境内はかなり広い。四天王会館はその北の端に建っている。「以前は幼稚園だったんですが、空きビルになっていたのをお寺さんのご厚意で、うちが入ることになったんです」と西屋さんが云う。たしかに三階にはお遊戯室として使われていたホールがある。この日は子どもの絵本とおもちゃを交換する「かえっこ」というイベントが行なわれていた。ときどきライブ会場にもなるそうだ。

『ｋａｌａｓ』の編集室は広くて、古いけどソファもあった。そこで待っていてくれたのは、写真家の松原豊さん。創刊号からカラスの表紙を手がけ、「界隈」という写真シリーズを連載している。町の中に置き忘れられたような風景を拾い上げる松原さんの写真をフィーチャーしているところも、ほかの地域雑誌とひと味違っている。ぼくと同じ歳という松原さんは、よく笑う豪快なひとだった。

カラスブックスが入ってから、空き家だった四天王会館に少しずつ店が増えてきた。まず、二階には〈ノビ文具店〉と〈ハッチラボ〉。前者はセレクトされた文具と雑貨を扱う店。後者は児童向け玩具などのデザインをしたり、ワークショップを開いたりしている。店の前のスペー

スでは、パンの出張販売が行なわれている。一階には喫茶〈tayu-tau〉とギャラリー〈VOLVOX〉が入っている。

地方の古いビルに小さな店が雑居することで面白い空間になっている例を、この数年、各地で見たが、四天王会館にもそれを感じた。

その後、西屋さんと奥さんの美香さんの案内で、津の町をひとめぐりする。

津は県庁所在地とは思えないような、静かな町だった。

津の名物はうなぎだというので、〈つたや〉に連れて行ってもらう。明治初期に開業したという老舗だが、庶民的な店構え。すでにうなぎの漁獲高減少が伝えられていた時期だが、値段はお手頃（西屋さんにおごってもらったのだが）で量も多く、満足感があった。

次に行ったのは、津観音のある大門。駅前のアーケードにはかつては若者向けのブティックや雑貨店もあったというが、いまはひっそりと寂れている。以前は銀行だったと思われるビルも残されていた。

一本裏には映画館のビルがある。〈津東宝〉という映画館で、それが閉館してから数年後に〈大門シネマ〉として復活したが、いまは閉館している。そのビルの一階にある喫茶店が〈サンモリッツ〉で、落ち着きそうな純喫茶だ。

そこからすぐ、看板の出ていない店に西屋さんは入っていく。〈桐〉という喫茶店だった。

薄暗い店内に一枚板のカウンター。妙齢の女性店主が迎えてくれる。メニューはコーヒーだけ。客はほかにいず、西屋さんと店主との三重弁（というのだろうか？）交じりの会話を聴いていると、少し眠くなってきた。

「本屋が見たい」と頼むと案内してくれた場所には、〈奥山銘木《めいもく》店〉という看板が。しゃれた建物だけど、材木店なんじゃないの？　しかし、ドアを開けるとそこは見事なまでに本屋だった。建築や生活、美術、サブカルなどの新刊を、表紙を見せて並べている点ではセレクトブックショップ的だけど、右のほうに行くと文庫やマンガの棚もあり、そっちに並んでいる本も面白い。猫に関する本を並べた棚もある。一つのセンスで統一されていない感じが気に入った。

そういえばカラスには「銘木店の本棚」という連載がある。奥山健太郎という人が本を紹介しているのだが、奥山銘木店とあるだけでそこが書店だという説明が一切ない。こういうわけだったのかと納得した。

銘木店は祖父の代からの仕事で、いまでもそれをやりつつ、本屋を営んでいる。隣では奥山さんのお姉さんが〈ゴチイカフェ〉をやっている。そういう仕事のしかたが、津というゆったりとした町にとてもよく似合う。

その後、車は津ヨットハーバーの脇を通り、古い寺町が残る一身田へ。取って返して、今度は西側の山の手へ。三重県立美術館に寄ってから、山のてっぺんにある県立図書館へ。ここの郷土資料室で地元に関する本をざっと見る。

名古屋経由で今日中に東京に帰るので、そろそろ出かけないと。わずか五時間、表面をひとなでするぐらいで、津を後にしたのだった。

モノポリーズを聴きながら

翌二〇一四年六月一日、ふたたび津を訪れた。

前月末から四日間連続で新潟、富山、京都と移動してトークをする、その最終日が津だった。

今回の旅はJRしか使えないので、京都からは琵琶湖線で草津、草津線で柘植、関西本線で

喫茶サンモリッツ。閉館した映画館と同じ建物にある

奥山銘木店。横の看板を見ないと、書店とは判らない

モノポリーズ『モノポリーズ』ゲットヒップレコード、2008年

亀山と三回乗り換える。津までは乗り継ぎの時間も含め、たっぷり三時間かかる。

電車に乗っている間、ぼくの頭の中にはモノポリーズの曲が流れていた。

前に津に行ったとき、四天王会館のノビ文具店でかかっていた曲が気になった。女性ボーカルのスカっぽい音楽。店の女性に聞いてみると、地元で活動しているバンドだという。『モノポリーズ』というそのアルバムを買って、東京に戻ってから聴いた。

チューバやバンジョーが入る演奏はファンキーで、たのしい。ボーカルのガーコの歌詞は、日常の暮らしで見つけた、ちょっと光るものを報告しているような感じで、共感しつつ聴いた。セカンドの『ようのび』も手に入れ、そのタイトルも含め、この数年で最多の愛聴盤となった。とくに「折も折、」という曲には、なにか力づけられるものがあった。「時間を経るには　時間を経る以外の術を持たぬ　ということで　委ねることが許される」というフレーズが、何度も頭の中でリフレインする。

四天王会館の例のお遊戯室でも、モノポリーズのライブをやったことがあるそうだ。それを見たかったな、と思っていると、津に着いた。

駅から七、八分ということで歩き出すが、すぐに方向が怪しくなった。前は車に乗せてもらったからなあと、自分の方向音痴を棚に上げる。目についた店で尋ねるが、判らないとそっけなく云われ、そのあともちょっと迷いながら四天王会館に着いた。

今日は、ここでブックイベント「ホンツヅキ」のメインイベントが開催されるのだ。前に津を訪れたときに、西屋さんがこの町で本のイベントをやってみたいと云っていたのが、一年経たないうちに実現したのだ。

この日は中庭で一箱古本市が行なわれ、二十組ほどが参加した。その中には明日行く予定の、四日市の子どもの本屋〈メリーゴーランド〉の店員が出す箱や、映画ファンの出す箱などがあった。眺めていると、〈桐庄家具店〉という屋号の箱があった。ん？　こういうタイトルの曲が、モノポリーズの『ようのび』にあったよなと思い、男性に話しかけてみると、モノポリーズでバンジョーかウクレレを弾いている蟻戸宏之さんだった。桐庄家具店は蟻戸さんの実家だというので、納得した。奥山銘木店のブースもあり、ぼくの本も並べてくれている。

一階のギャラリー〈VOLVOX〉では「まちの遺伝誌」展が開催され、津とその周辺で発行された地方誌が展示されていた。すでに『kalas』七号で、「活字の遺伝子」と題してこれらの雑誌を紹介していた。また、別の部屋では「古本ジャンボリーズ」という三重・岐阜・愛知の古書店ユニットが出張販売をしている。そのひとり、岐阜市の古書店〈徒然舎〉の深谷由布さんとは、彼女が店を始める直前にブックマークナゴヤの一箱古本市に出店して以来の知り合いだ。午後には中庭で、深谷さんと西屋さん、ぼくでトークをした。木陰ですずしい風が吹く。

夕方、一箱古本市が終わり、各自が片付けに入る。次第に人が少なくなって、スタッフが机などを片付けているのを眺めていると、祭りが終わったときの寂しさを感じる。もっとも、ホンツヅキはこの日が初日で、これからさまざまな企画がある。会場では「本と津に出会うためのブックガイド・ガイドブック」と称する『ホンツヅキ』が販売されている。津で店や仕事を営む人が一冊を紹介するという構成で、津に行ったことのない人でも自然にこの町に親しみを持つ、素敵な小冊子である。

この冊子やイベントを見ると、津にはカラス＝西屋さんがやるなら一緒にやろうという人がたくさんいるんだなと判る。雑誌や店という「場所」を持ち、それを続けていくうちに出来ていく人間関係。それは「ネットワーク」という言葉が軽々しく響くほどの、貴重なつながりなのだ。

この日の打ち上げは、〈カフェサンチェ〉。山の手の住宅街にある。同じ建物にある木のおもちゃの店〈トイズファーム〉で働く本城まい子さんは絵を描くひと。宮沢賢治が好きで盛岡を訪れたときに、西屋さんに紹介され、一緒に神子田の朝市を歩いている。両店のオーナーである平山美佐子さんも本好きで、先の『ホンツヅキ』に登場している。

解散してから、津出身の編集者・松本貴子さんの自宅へ。貧乏ツアーなので、使える伝手《つて》は何でも使う。実家に帰る用事があるという松本さんに厚かましく

頼んで、泊めてもらうことになったのだ。お母様の美智子さんは以前、「川田文庫」という子ども文庫をされていて、いまでも手づくりの文集を発行している。この晩も酒をご馳走になり、自分で製本までしたという絵本を見せていただいた。

泊まらせてもらう部屋に入ると、『津のほん』が山積みになっていて驚く。一九八〇～九〇年代に津で出ていた地域雑誌。今日の展覧会にも展示されていたが、これは松本母が好きで毎号買っていたもの。寝る前に見たが、毎号の特集が何十ページもあって、一つのテーマを突き詰めている。表紙タイトル文字のレタリングがシンプルながら、うまい。『kalas』に影響を与えている部分もあるようだ。まさに「遺伝誌」だな、と思った。

一箱古本市。この日は
暑いぐらいの上天気だった

VOLVOXでの
「まちの遺伝誌」展。
会場ではトークも行なわれた

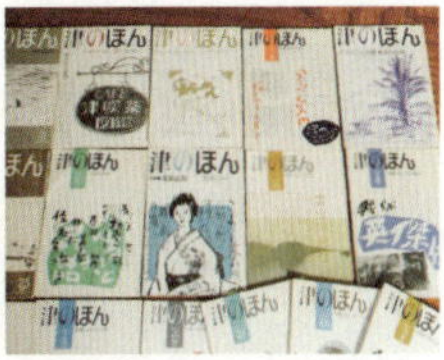

『津のほん』。「津観音大研究」
「津のことば」など
興味深い特集が多い

のんびりした町と人

朝食をいただいて、松本家を出る。

家の周りは田畑で、夜はカエルの声がうるさいほどだった。ぼくは田舎育ちのくせに、この生物が死ぬほど嫌いで、この日も素知らぬ顔で外に出たが、じつはその辺にいるのを見かけてびくびくしていた。

松本さんの知り合いで、ライターの尼崎道代さんが車で迎えに来てくれる。ご主人の転勤で埼玉から津に来て五年になるという。関西の雑誌を中心にマイペースで仕事をされている様子が話から伺えた。

まず、松本家から近い山の方へ。車を止めて、石段を登ると祠があり、さらにその上にのぼっていくと、小高く開けたところに、地蔵を収めた祠が何十も並んでいる。誰がつくったのか、どこか別の場所から運ばれたかは判らないが、首が取れたままになっている像も多かった。吉祥寺というのだが、世話をする人がいなくなっていて、地蔵の由来はよく判らないそうだ。

中心部に向かい、津観音へ。「だいたて商店街」の駐車場に入れる。この辺は古くからの飲食店やスナックが多い。歩いていて、〈グリル蛙〉という看板を見つけてビクッとする。カタカナよりもリアルな漢字、しかも文字は緑……。洋食屋として地元で親しまれている店だというが、ぼくにはゼッタイ入れない。

ぶらぶら歩いて、〈千寿〉という店に入る。天むすは名古屋でなく津が発祥の地で、しかもこの店が最初だという。カウンターだけの店で、メニューは天むすのみ。天むす五つと赤だしで六百円ぐらいだったか。ちょうどいい美味しさと量だった。

そのあと、前回見かけた〈サンモリッツ〉に入る。カウンターの中に女性店主が立つ。カウンターは常連の席が決まっていると聞いていたので、テーブルに座る。ここにも『ホンツヅキ』が置いてあり、嬉しくなる。

『津のほん』第三十八号（一九九二年八月）の特集「津喫茶図鑑」によれば、オープンは一九六五年。喫茶店建築の第一人者であった清水武が設計し、店名も付けた。

清水さんは「狭いところに多くの人が集められる」という理由でカウンターをここに導入した。これが人気を呼んで、喫茶店はそのほとんどがカウンター式になった。ただし、昭和四十八年にビル化して当時の面影は残っていない。

常連のおじさんが来て、カウンターに座る。「昨日は四天王会館がなんか賑やかだったみたいだな」と云うと、女店主が「カラスのイベントよ。そこの方たちは関係者みたい」と、ぼく

たちを指す。一箱古本市というイベントがあって……と説明していると、シャキシャキとした老女が入ってきた。この方がもともとの店主で、いまは娘さんが店をやっているようだ。

そろそろ出ようと駐車場に戻ったが、古いタイプの機械に駐車料金を入れてもバーが上らない。常駐する人はおらず、近所の店まで連絡してくれとあるので、そこの人を呼んでなんとか開けてもらう。町も人ものんびりしている。

子どもの本屋の四十年

津から北に向かって一時間ほど走り、四日市市に入る。今日の最後の目的地は、ここにある子どもの本専門店〈メリーゴーランド〉である。

道路沿いに、いきなりという感じでその店は現れた。いまは周りに店もできているが、一九七六年の開店当初は、周りは田んぼばかりだったそうだ。松本さんもお母さんに連れられて、この店に通ったという。

店に入ると、まず目に入るのは遊び場。この店では子どもは本を読んでも、遊んでもいいのだ。本棚には絵本や児童書はもちろん、作家のエッセイやミニコミなども並んでいる。奥にはカフェがあり、その奥には古本も置いてある。児童雑誌『きりん』の展覧会の図録があったので、買う。立地と品揃えのギャップがすごい。
いまから五島列島への旅に出かけるという店主の増田喜昭さんと、ちょっとだけ話す。増田さんの『子どもの本屋、全力投球！』（晶文社）は、名シリーズ「就職しないで生きるには」の一冊だ。そこには、置きたい本を置くという方針を貫いているうちに、店を支える仲間たちが集まってくる様子が綴られている。当然ながら、理解されない悔しさも味わい、書店業界の壁にぶつかったこともあった。開店から七年目の時点で、その一喜一憂が記録されている。

ぼくは、もっともっと子どもの本屋さんがたくさんできるといいと思っている。どんな小さな町にも、子どもたちが自由に出入りできる店があるのを想像するだけでも、楽しくなっ

山の中に鎮座する地蔵たち。
祠があるものも
野ざらしのままのものも

グリル蛙。この緑色がまた
ぼくにはキツい

メリーゴーランド

てくる。そしてその店が、その町に少しずつ影響を及ぼしていけば、町はもっともっと子どもたちにとって住みやすいところになると思う。子どもたちが住みやすいということは、まちがいなく大人たちにとっても住みやすい楽しい町だということだから。

この一節はいまも、これからも有効だと思う。

メリーゴーランドの二階は、〈あそびじゅつ〉というスペースになっている。教室というよりは、子どもと一緒に絵で遊ぶ場所のようだ。

モノポリーズのガーコさんが、ここでワークショップを担当しているということで、この日会うことができた。風邪気味だというお子さんを抱いた彼女に、「いつかライブが聴きたいです」と伝える。

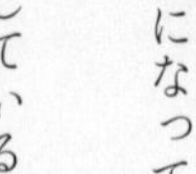

ここまで乗せてくれた尼崎さんと別れ、松本さんと歩いてすぐの松本駅から近鉄線に乗る。ダブル松本だ。

車で回った津の町は、それぞれの場所の距離感がなかなかつかめないけれど、カラスなどの地元の雑誌や本を手掛かりにすると、少しずつ自分の体験と地理が重なってくる。鳥瞰図ならぬ「鳥瞰図」だ。

次に津に行くときはもうちょっと時間をかけて、図の中に入り込んでいきたい。

横に長い県をゆく

鳥取・松崎（鳥取県）

〜二〇一四年九月〜

鳥取の旅あるきMAP

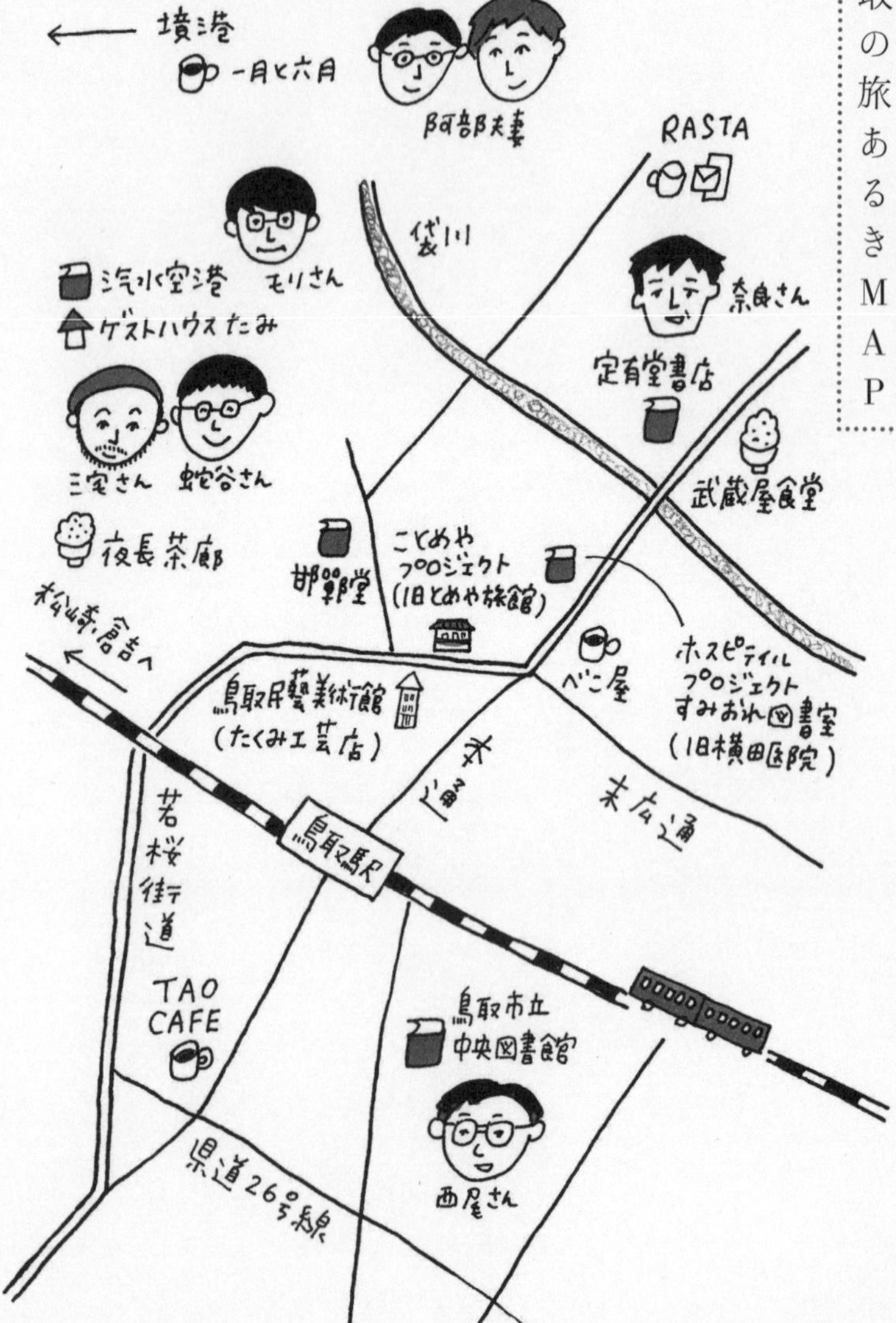

境港
一月と六月
阿部夫妻
RASTA
袋川
汽水空港
モリさん
ゲストハウスたみ
奈良さん
定有堂書店
三宅さん
蛇谷さん
武蔵屋食堂
夜長茶廊
ことめや
プロジェクト
(旧とめや旅館)
邯鄲堂
松崎・倉吉へ
ホスピテイル
プロジェクト
すみおれ図書室
(旧横田医院)
べに屋
鳥取民藝美術館
(たくみ工芸店)
本通
末広通
若桜街道
鳥取駅
TAO
CAFE
鳥取市立
中央図書館
西尾さん
県道26号線

鳥取砂丘には行ったコトがあるらしい。

らしい、というのはまったく覚えていないからだ。幼稚園の頃に家族で鳥取市まで行き、砂丘でラクダに乗ったと親は云う。そういえば、写真も見たように思う。でも、まるで幻の国の出来事のように、記憶は定かでない。

それは、鳥取市との距離とも関係があるようだ。

ぼくが住んでいた島根県出雲市から鳥取市までは、隣の県なのにやたらと時間がかかるのだ。いまは新しい道路ができているから早いだろうが、当時は四、五時間かかったのではないか。広島や岡山に行くのとさほど変わりがない。

同じ鳥取県でも、西の端っこにある米子市は近いので、親近感がある。方言もほぼ同じだ。出雲弁文化圏と云ってもいいだろう。

……ここまで書いていて、不安になってきた。東京で「島根県出身です」と云うと、「砂丘があるところね」と返されることがすごく多い。中にはご丁寧に「鳥取砂丘のあるところね」とおっしゃる人までいる。

ためしに地図を描いてもらうと、五人に一人は鳥取と島根の位置を逆にする。もっとも、ぼくも関東の県の配置を正確に描けと云われると困るのだが。日本地図で云うと、島根は左、鳥取は右です。念のため。

鳥取と島根はなんとなく文字面が似ているし、同じ山陰に属するし、人口は両県とも全国で最下位争いだし、それに、横に長い県であることも同じだ。

兄弟県と云ってもいいほどだが、それなのに、いやそれだけに、仲は良くない。

明治維新で生まれた鳥取県は、それまで松江藩が支配していた隠岐を編入していた。しかし一八七六年（明治九）には、逆に鳥取県全体が島根県に合併されてしまう。もちろん、強硬な反対運動が起こり、一八八一年（明治十四）には鳥取県として復活する（このときから隠岐は島根県に属した）。まるで『出雲風土記』の国引き神話のような駆け引きがなされたのだ。

余談だが、子どものころ、島根県にはケンタッキー・フライド・チキンが一軒もなかったが、米子市にはあった。テレビ局は山陰共通なので、ケンタッキーのCMが流れるのを指をくわえて見ていた。父が仕事で米子に行くときのお土産は、当然ケンタッキーだ。

この島根と鳥取、どちらが開けているか（東京に近いか）競争は、マクドナルド、空港、コンビニなど、さまざまな場面で開催され、最近ではスターバックスがない最後の県として、鳥取が挙がっていた。三十年以上経って価値観が変わったのだろう。面白いことに、いまはかえって、スタバがない県の方がかっこよく見える（二〇一五年六月に鳥取駅南に出店予定）。

「本の学校」で出会った人たち

十年ぶりに鳥取市に行った。

鳥取市には〈定有堂書店〉という新刊書店がある。一九八〇年にオープンして以来、町の本屋として地元の人に親しまれている。

山陰には〈今井書店〉というチェーンがある。こちらは一八七二年（明治五）創業という老舗で、郊外型を含め二十店以上がある。ぼくも子どものころから松江店と米子店にしばしば行った。今井書店に育てられたという気がする。

今井書店の永井伸和さん（現会長）は書店員教育の場として、「本の学校」を構想し、その準備として一九九五年から五年間、「本の学校・大山緑陰シンポジウム」を開催した。全国から出版社、書店、取次、図書館、著者、読者など、本に関わる人たちが広く集まり、大山のホテルで宿泊して、分科会に参加した。タテ割りが慣習となっていた出版業界において、画期的な場所だった。

ぼくは一九九七年創刊の『季刊・本とコンピュータ』のスタッフとして、同年から毎年、大山シンポに参加した。この年、著作権切れの文学作品をネットで公開する「青空文庫」のスタートが宣言されたのも大山だった。最後の年には、アジア各国の出版人が出席したディスカッションを「本とコンピュータ」編集室で担当し、ぼく自身も分科会のコーディネーターとなった（秋田・無明舎出版のあんばいこうさんにもパネリストになってもらった）。神保町の〈書肆アクセス〉（二〇〇七年閉店）に協力してもらって、会場でミニコミや自費出版、電子本の即売会を開いたことも忘れがたい。その後、不忍ブックストリートで一箱古本市を始めたことや、ライターとしての仕事に大きな影響を与えてくれた、「私の学校」のひとつだった。

定有堂書店。雑誌のワゴンを出してないので、一見書店だと判りにくい

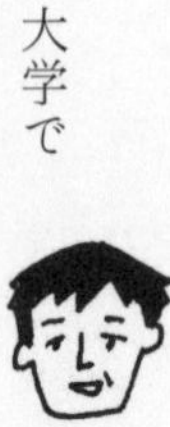

　定有堂の奈良敏行さんも、本の学校で出会ったひとだ。奈良さんは大学で哲学を学び、その後『定有』というミニコミを出していた。妻の実家のある鳥取市で書店を開いてからも、『定有堂ジャーナル』を出し続け、店の二階で読書会やシネクラブ、語学教室などを主催してきた。朴訥な人柄で、いつもニコニコとしているが、根っこのところに勁《つよ》い意志をもっていると思う。『定有堂ジャーナル』はのちにウェブサイトに移り、そこでコラムを連載させてもらったのが縁で、最初の本を出したときに、初めて店を訪れ、トークをさせてもらったのだ。鳥取市に（自覚的に）行ったのも、それが最初だった。

このときはあまり市内を回ることができなかった。唯一印象にあるのは、豆腐ちくわのこと。ホテルの前には駅前市場があり、朝から開いていた。何か買って部屋で食べようと入ってみると、「豆腐ちくわ」のコーナーがあり、何十種類もある。

> 固めにつくった豆腐に塩と砂糖、うどん粉（小麦粉）か澱粉（かたくり粉）を加えてよく練る。これを、小指くらいの太さの竹串にちくわのようにつけて形をととのえ、蒸しあげてつくる。ふかふかとした口当たりと香ばしい大豆の香りは、四季を通じて食卓をにぎわし、代表的な鳥取の特産になっている。

と『聞き書　鳥取の食事』（農文協）にある。同書によれば、江戸時代の鳥取には港がなく、魚が手に入りにくいため、鳥取藩主の池田光仲が魚の代わりに豆腐を食べることを推奨したのだという。明治の中ごろには豆腐屋が百軒ちかくあったそうだ。

一本が百円程度なので、数本買って醤油をつけて食べたが、たしかにウマかった。豆腐ちくわの情報を載せたフリーペーパーまで出ていた。

面白いのは、この豆腐ちくわを食べるのが鳥取市内にほぼ限定されていることで、米子の人に尋ねたら「聞いたことがない」と云う。ここにも、横に長い県の性格が表れているようだ。

町のなかに増える本棚

鳥取市を再訪したのは、書店を紹介するムックの取材だった。打ち合わせで地方の書店を挙げていくうちに、定有堂や今井書店のある鳥取取材が決まったのだ。

さっそく奈良さんに連絡してみるが、「できればお断りしたい」という返事だった。この数年、雑誌などに取り上げられる機会が多いが、それに見合った店に出来ていない。なんとなく劣化してきたように思うので、しばらくは店に専念したいと云うのだ。

しかし、十年間行ってなくても、ぼくには定有堂が劣化しているとは思えなかった。なによりも、取材を前提としなければ、鳥取まで行って自分の目で店を見ることは難しい。取材者の都合を押しつけているなと思いつつも、奈良さんとのやりとりを重ね、なんとか了解をもらった。

九月のまだ暑い日、鳥取空港からのバスで鳥取駅に着く。すぐにレンタサイクルを借りて、町に乗り出した。

駅から県庁に向かう大通りを自転車で走る。袋川という小川にかかる橋を渡ったあたりに、店が点在している。定有堂もこの通りに面している。

まずは腹ごしらえと、横に入ったところにある〈武蔵屋食堂〉へ。ここは千駄木の古道具〈Négla《ネグラ》〉のカジノリコさんに教えてもらった。カジさんは谷中のビンテージ古着屋〈caikot《カイコ》〉のべこさんと鳥取に来たときにこの店に寄ったのだという。カジさんもべこさんも、この年にぼくが出した『谷根千ちいさなお店散歩』で取材させてもらった。二人とも顔は知っていたが、自分から名乗ることのない関係が続いていた。取材を経て、会えば雑談をするようになって、鳥取に縁があることも知ったのだ。

昼時で店内は近所のお客さんで満席。「素ラーメン」で知られる店だというので、それを頼んでみる。出てきたのは、名前通り、チャーシューも何も乗ってない、ほぼ麺だけのラーメン。ツルツルお腹に入り、おやつを食べている感じだった。近所のギャラリーで、西尾肇さんにお会いする。元鳥取市立中央図書館の館長で、「本の学校」シンポジウムでもお目にかかっている。話好きで人好き、パワフルなおじさんだ。

公立図書館の設置が遅れていた鳥取県で、市立図書館をつくるための運動に尽力したのが今井書店の永井さんで、〈こども文庫〉を開設した。そして、定有堂の店員を経て、鳥取市民図書館（現・鳥取市立中央図書館）が開館したのと同時に、同館の司書になったのが西尾さんだった。

退職後は地元の短大の講師をやりながら、「本でつながる町づくり」を進めようとしている。若い人たちの集まりにも熱心に顔を出し、彼らの活動を面白がっている。こういう「いばらない（ときにはネタにされる）おじさん」が町で果たす役割は大きいと、ぼくは思っている。

さっき通って気になっていた〈丸福珈琲〉に入る。ゆったりと広い喫茶店。西尾さんも子どものころから通っているという。西尾さんお勧めのホットケーキは昔ながらの丸いやつで、これはいまどきの「パンケーキ」とは違う、やっぱりホットケーキなのだ。当然、うまいし、コーヒーによく合う。

西尾さんの話では鳥取市では、ブックカフェやマイクロ・ライブラリー的な動きが盛んになりつつあるという。そのひとつの〈遠足文庫〉は旧保育園にある本のスペースで、カフェもやっている。この日は開いていないというので、次の機会に行くことにする。西尾さんは公共図書館とこういった町のなかでの本の活動をつなげたいと考えていて、一箱古本市をやりたいと云ってくれた。

仕入れた情報と地図を持って、ふたたび自転車に乗る。

大通りから入ったところにある旧横田医院へ。一九五六年（昭和三十一）に開院した外科だが、廃業したままになっていた建物を鳥取大学が中心となるアートプロジェクト「ホスピテイル・プロジェクト」のために借り受けているという。

建物の前では十人ぐらいの男女がいて、何かの作業の休憩中のようだ。あとで聞くと「生意気」というアートユニットと一緒に庭をつくるというワークショップだった。

代表の赤井あずみさんに中を案内してもらう。病室などは当時のままで、その一部を使っている。二階の一室に本棚が見えた。〈すみおれ図書室〉といい、月に何度かオープンする図書室とカフェだという。「すみおれ」は栞代わりに本の隅っこを折ることで、英語だと「ドッグイヤー」だ。

室内には本棚が横に積み上げられ、その中に無造作に本が詰められている。本の森といった感じだ。もう読まなくなったけれども捨てられない本を集めるプロジェクト「みんなの本棚」がベースなので、新旧混ざったカオスな本棚になっている。セレクトされた本棚と対照的で面白い。隣の部屋はカフェやトークに使われている。

赤井さんは近くでべつの活動もしているというので、そちらも案内してもらう。「太平公園」

丸福珈琲のコーヒーとホットケーキ

旧横田医院

すみおれ図書室

旧とめや旅館

という三角形の公園の近くにある、古い旅館。ここを改装して、コワーキング・スペースとして開放しているのだ。〈とめや旅館〉だったので、「ことめやプロジェクト」だという。二階の部屋も見せてもらったが、こぢんまりとしているがどこか色気があった。

さっきの太平公園まで戻ると、奥の方に「松屋横丁」なる表示があり、飲み屋が入っているようだ。あとで調べてみると、この一帯は「衆楽園」という遊郭だったところで、一九三〇年（昭和五）刊の『全国遊郭案内』（復刻版）には「今では貸座敷が四十七軒」とある。さっきの旅館もその一軒だったのだ、道理でどことなく色気があった。

そのあと、公園の裏にある古書店〈邯鄲《かんたん》堂〉や、その近くの〈鳥取民藝美術館〉を回る。後者は鳥取の民藝運動の中心人物だった吉田璋也が集めた民藝品を展示していて、隣には〈たくみ工芸店〉（一九三二年開店）もある。鳥取の民藝運動の根拠地が、遊廓の近くにあったことが興味深い。

夜、ホテルの近くにある〈TAO CAFE〉へ。チャイや紅茶の種類の多い店。レジの横に『鳥取のカリスマ老女』という冊子が置かれているのに目が行く。表紙は帽子をかぶった老女の写真で、目の迫力がすごい。鳥取市で〈RASTA〉というエスニック雑貨店を営む水原和美さんを撮ったもので、都築響一の『独居老人スタイル』（筑摩書房）にも登場しているという。思わず買ってしまった。

小さいけど動きのある町

翌日、定有堂書店を取材する。

前夜に奈良さんと食事しながら、本屋という仕事についての考えをじっくりと聞いた。奈良さんは「本屋の青空」という言葉を昔から使っている。忙しかったりせちがらかったりする日常生活で、本屋に立ち寄るとなにかしらホッとする。それは、時間の流れが違っているからではないか。立ち止まって青空を眺めたときに、新鮮な思いがあるように、本屋にいると我に返り、自分にとって大切なことが見えてくる。そういう場所でありたい、と奈良さんは云った。

その話を聞いてから、実際に店内を見ると、同じ本がいろんな棚に入っている、以前出た雑誌が平積みになっている、お客さんが勧める本の棚があるなどの工夫が、腑に落ちた。付け焼刃ではなく、日々のお客さんとの対話の中で生まれてきた棚だという気がした。

この数年、動きのある棚が「CAFE BOOK」と題されたコーナーだ。カフェを紹介する本からカフェで読んでほしい小説までさまざまだが、ここにぼくの谷根千の本も置かれていることが嬉しかった。

取材を終え、駅に向かう途中、〈ベニ屋〉という喫茶店でカレーを食べた。サラサラしたインド風でなく、ねっとりと濃厚な和風カレー。一仕事終えた安心感も手伝い、ビールも飲んでしまい、ほろ酔い加減でJR山陰本線に乗る。

山陰本線は、横に長い鳥取県と島根県を走る路線だ。以前は関西方面に向かう唯一の手段だったが、岡山経由で新幹線に乗れるようになり、中国縦貫道も整備されて以来、主役の座から降りてしまった。いまでは全線を乗る人はいないので、鈍行を乗り継いで鳥取県を横断するのは不可能なダイヤになってしまった。

途中、特急の待ち合わせなどで止まりながら、ゆっくり一時間ほど電車は走り、松崎駅に着いた。この駅に降りるのも初めてだし、東伯郡湯《ゆ》梨《り》浜《はま》町という地名にもなじみがない。

人気のない駅前でしばらく待つうち、向こうからひとりの青年がやって来る。モリテツヤと名乗る彼は、眼鏡をかけてひょろっとした、どこにでもいそうな青年だ。この田舎町で彼が古

鳥取民藝美術館。右は民芸品を販売するたくみ工藝店

『鳥取のカリスマ老女 RASTA』 Fumio Sato写真・発行（2013年）

ベニ屋。客はほぼ全員カレーを頼んでいた

松崎駅のホーム

本屋を開こうとしていると聞いて、会いに来たのだ。

駅前の細い通りに〈ふけた食堂〉という食堂があった。牛骨ラーメンが名物のようだ。寂れた通りだが、営業している店が多いことにかえって驚く。「こないだまでスーパーがあったんですが、なくなってしまって、地元のおばちゃんたちが自分たちで日用品を売る店を運営しようとしています」とモリくんが云う。三と八が付く日には「三八市」が開催されて、フリーマーケットやおばさんたちの手づくり衣装のファッションショーまであるという。モリくんは東日本大震災後に、関東から西に流れてきて、鳥取県の別の町に住んだが、そこの排他的な雰囲気に耐え切れなかった。しかし、この松崎のおばさんたちのあけっぴろげな雰囲気を見て、ここならやりたかった古本屋ができるかなと思った

モリさん

ふけた食堂

建築中の汽水空港と跳び箱

倉吉の大蓮寺。日本の寺には見えない

寿湯への通路

そうだ。

この先に〈ゲストハウスたみ〉がある。以前は旅館か何かだったのか、かなり大きな二階建て。半分がゲストハウスで、半分がシェアハウスになっている。岡山から移住してきた三宅航太郎さんと蛇谷《じゃたに》りえさんが二〇一二年にオープンした。三宅さんは以前、東京の向島で「おしょくじ」という、おみくじと地元の店の紹介を組み合わせたイベントを開催。それを見た吉田絵美さんらが谷根千で始めたのが「谷根千おしょくじ」だった。ぼくたちがやっている一箱古本市の会場でも、おしょくじを入れた岡持ちが設置され、同名のミニコミも発行された。そんな縁があったので、今夜はここに泊まることに決めたのだ。

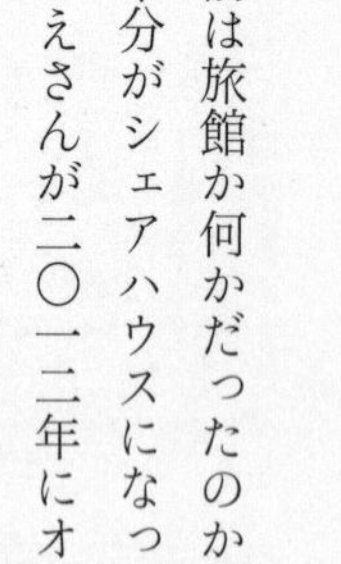

さらに歩くと、大きな湖に出る。「東郷湖」という名前で知っていたが、「東郷池」が正しいらしい。汽水のほとりに建つ小屋で、モリくんは古本屋〈汽水空港〉を始めようとしている。

小屋の前では、カメラマンののんちゃんこと岡村典子さんが待っていた。谷根千おしょくじのメンバーで、いまは岡山に住んでいる。モリくんと知り合いだというので、来てもらったのだ。彼女も今夜はたみに泊まる。

そもそも、ぼくがモリくんを知ったのは、「鳥取で跳び箱に古本を詰めて売っている奴がいるらしい」という話からだった。小屋の中にはその跳び箱もあった。それに車輪を付けて「どここにでも転がしていって、出店できる！」と思い、〈ＦＯＲＥＳＴ　ＢＯＯＫＳ〉という屋号でイベントに出店したが、実際には本が重くて移動できず、車に乗せて運んでいたという。

二時間ほどモリくんの話を聴く。スローライフや自給自足への真面目な思いと、それを実現するための努力がちょっと中途半端なところにギャップがある。しかし、こうやって自力で店をつくるところまで来たのはエライと思う。

モリくんには愛嬌というか、周りの人が心配になって思わず救いの手を差し出してしまうようなキャラクターがある。そうでないと、「いい本から売れてしまわないような画期的な方法を考えたんです！〈ＴＳＵＴＡＹＡ〉じゃなくて〈ＴＥＴＳＵＹＡ〉って名前で、売りたくない本はレンタルするんです」というような話を素面では聴けないだろう。

終わってから、三人で隣の倉吉市まで行き、〈夜長茶郎〉へ。ご夫婦で営む食堂で、カレーが人気。昼も食べたのにまた頼んでしまう。そのあと白壁土蔵が並ぶ通りを歩くと、裏の方に妙にアジア風の寺があった。浄土宗の大蓮寺だが、まるで北京や台湾で見た道教の寺院のように派手な色づかいとレイアウトだった。もう夜でよく見られなかったので、また来てみたい。

松崎に戻り、二人と別れて銭湯へ。ひとりがやっと抜けられる通路の向こうに寿湯がある。真ん中に丸い湯船があり、洗い場は一つだけ。お湯はかなり熱かった。女湯から聞こえてくるおばあさんたちの会話をＢＧＭに、慎重に湯に体を沈める。

湯から上がり、熱ざましに東郷湖のあたりまで歩く。たみに戻ると、食堂がカフェとして営業中だった。三宅さんやのんちゃんたちとビールを飲みながらだらだらと喋り、たみで発行している『OUR TOTTORI TRAVEL』というフリーペーパーを見せてもらう。「砂丘と梨とゲゲゲ（水木しげる）」が鳥取の観光資源と云われてきたが、ほかにもこんないいものがあるじゃないかと、因州和紙や郷土玩具を紹介している。地に足の着いたいいフリペだ。泊まる部屋はドミトリーで、二段ベッドの上段はかなり高い位置にある。落ちないように気を付けながら梯子をよじ登って、横になった。

翌朝、たみを出てから駅前にある〈アスコット〉という喫茶店へ。奥の方にはこれから仕事に出かけるらしい年配の男性たちが四、五人集まって、話している。モーニングは厚切りのトー

境港の日本海ホテル。
小説にでも出てきそうだ

一月と六月。
二階のカフェは落ち着く

Caféマルマス。蔵の店内には
この前掛けがよく似合う

ストで、食べでがあった。かつては、これぐらいの人口の町にはこういう喫茶店や食堂や銭湯が普通にあった。いまそれがある町は、ごくわずかになっている。だから、紆余曲折の末、モリくんがこの町を選んだのは正解だったと云えるだろう。〈汽水空港〉がオープンする頃、またこの町を訪れたいと思う。

一本裏が面白い

鳥取県横断の旅の最後は、境港だった。

二十年ほど前から「水木しげるロード」として、商店街の道沿いに妖怪のブロンズ像が並ぶ。その数は百五十体以上。鳥取県のというか、山陰の観光の目玉となっている。

その通りをちょっと歩いてみたが、身もフタもない観光地ぶりにげんなりしてしまった。水木ファンではあるので、水木しげる記念館に入ってみたかったが、入るとガッカリしてしまいそうなのでやめておく。

妖怪の着ぐるみが歩くメイン通りを避けて、裏に回ってみると、誰一人歩いてないことにホッとする。その先にあった〈日本海ホテル〉の異容に目を見張る。こんなホテル、ちょっと泊まってみたい（もう営業してないかもしれないが）。

そのまま裏通りを歩いていると、小さな看板しか出ていないラーメン屋を見つける。地元の食堂だが、ここのラーメンは美味しかった。

最後に取材した〈一月と六月〉は、水木ロードのすぐ近くにあるが、客層はまったく重ならないようだ。むしろ、ぼくのようにあの喧騒から逃れたい人が入ってくるのだろう。一階は書店と雑貨・服、二階がギャラリーとカフェ。地元生まれの阿部義弘さんと奥さんの月美さんで営み、二人の誕生月から店名を付けた。

ひと通り取材を終えると、阿部さんが車で近くにあるカフェに案内してくれる。醤油会社の土蔵を改装した〈Caféマルマス〉で、店主は当時の前掛けをしていた。蔵の二階は静かで落ち着く。小さく流れているジャズも、ここにはぴったりだ。

そのあと、イタリアンなのに思い切りアメリカンな造りの〈RUMBLE〉で、驚くほど安くてうまいパスタをご馳走になり、米子空港まで送ってもらった（いつの間にか「米子鬼太郎空港」なる通り名が付いてるのがしゃらくさい）。

旅から帰って一週間後、鳥取市の丸福珈琲が閉店するというニュースを知った。ぼくが行ったときには、すでに閉店が決まっていたのだろうか？　かろうじて間に合ったという気持ちと、次に行ったときにはもうないのだという気持ちが入り混じった。

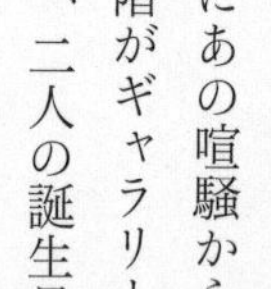

水の町から海のある町へ

松江・隠岐（島根県）

～二〇一三年十月～

松江・隠岐の旅あるきMAP

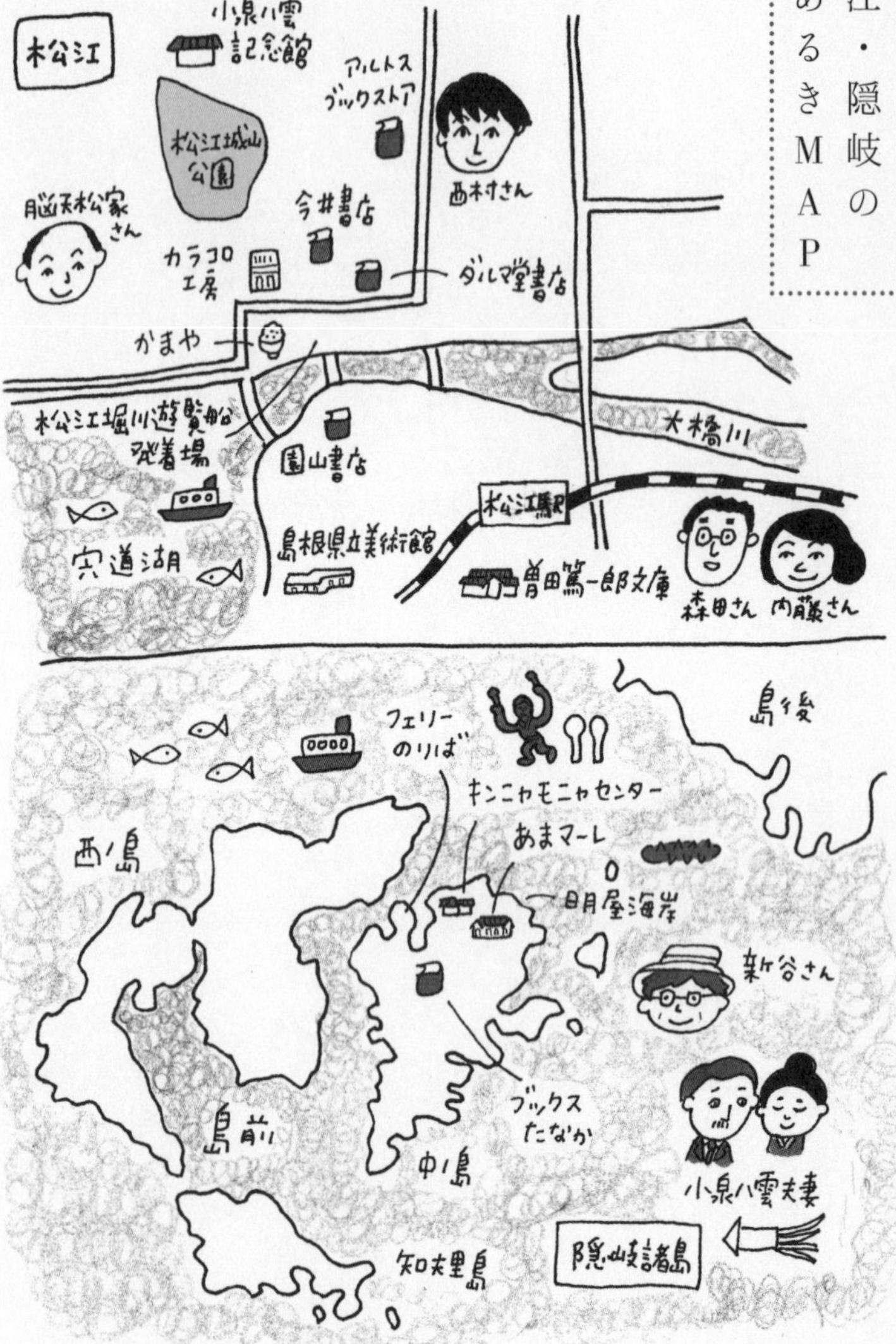

松江は水の町だ。

水は宍道湖から大橋川につながり、さらには中海に流れ込む。また、松江城の周囲には堀川がめぐらされており、十六の橋が架かっている。

堀川遊覧船はそれらの橋の下をくぐり抜ける。橋が低い位置にかかっているので、くぐるときには遊覧船の屋根が自動で倒れる。乗客は一緒に身を縮める。上を見れば、小泉八雲の旧居や記念館、武家屋敷などがある。ぼくの好きな風景だ。

ぼくは松江の隣の出雲市の生まれだが、父が松江で小さな建築会社を営んでいたこともあり、この町に来る機会が多かった。小学生のころは両親と、一畑、やよいなどの百貨店に連れて行ってもらう程度で満足していたが、中学になると、適当な場所で車から降りて、一人で町をぶら

松江大橋から宍道湖を見る

ダルマ堂書店

島根県立美術館。1999年開館。
ユニークな企画展が多い

つくことが多くなった。

その中心となるのが、遊覧船（当時はまだなかったと思うが）の発着所のある京橋川に面した殿町だった。

真っ先に向かうのは〈今井書店〉。二階建ての書店は、出雲には存在しなかった。文庫本の充実ぶりに驚き、SFやマンガのリトルマガジンを買い込んだ。人文書や郷土関係の棚に目が行くようになったのはしばらくあとになってからで、今井書店に出版部があることも知った。

このほか、今井の近くの〈千鳥書房〉、大橋のたもとの〈園山書店〉にも寄った。一時期、松江駅ビルの中にあった今井書店の支店まで足をのばすこともあった。千鳥書房のはす向かいの〈スウィング〉というレコード屋にもよく行った。夏に買ったレコードを車に入れておいたら、熱気で盤がゆがんでしまい悲しい思いをしたこともある。

そして古本屋。〈ダルマ堂書店〉に最初に入ったのは、高校生の頃だったか。古いミステリーが百円で買えるとあって、ずいぶん通った。一時期休業していたが、場所を移して再開。評価の高い本の間に面白そうな雑本が混じっているところが相変わらずで、嬉しくなった。

新刊書店、レコード屋、古本屋。松江では、この三か所をぐるぐる回っていたような気がする。町の中に定点観測できるポイントがあったことは、振り返ると、とても贅沢だった。

松江の町は大橋川で南北に区切られている。現在、大橋川には四本の橋が架かっているが、戦前には松江大橋と新大橋の二本が川を渡る手段だった。一九二一年（大正十）に開校した旧制松江高等学校は、松江市街の北の郊外、嵩山のふもとの川津村菅田（現・西川津町）にあった。寮に住む生徒たちは夜になると、田んぼを横切って町に出た。のちに『暮しの手帖』編集長となる花森安治も、そのひとりだった。

そのことを知って、花森への親近感を持った。花森は一畑百貨店の包装紙や今井書店出版部の本の装幀も手がけている。そこで、古本屋で花森が装幀した本を蒐めはじめた。それらの本の一部は、二〇一二年に島根県立美術館で開催された「『暮しの手帖』花森安治の世界」展に提供した。この美術館は宍道湖のほとりにあり、屋上からは嫁ヶ島がよく見える。

本好きが松江に集まる秋

この十年ほど、松江を訪れる機会が減っていた。

新幹線で岡山から伯備線に乗ると、米子を通って松江に向かう。松江駅を出るとしばらくして、右側に宍道湖が見えてくる。昼だろうと夜だろうと、かならず右側の席に座り、帰ってきたという気持ちになるのだ。

しかし、一箱古本市の縁から各地を訪れるようになると、帰省する機会は減った。ときには一度も実家に帰らない年もあった。

それが変わったのは、二〇一二年末に松江の〈曽田篤一郎文庫ギャラリー〉で小さな茶話会を開いてからだ。曽田文庫は二〇〇三年に開館した私設図書館で、米田孟弘さんが亡くなった妻の実家（曽田家）に六千冊の本を並べて無料で貸し出した。資金難により独力で続けられなくなりそうになったところに、市民の有志が「応援団」を結成し、維持会員を募って運営している。一軒家の和室に並んだ本は、小説やノンフィクション、児童書、絵本と広い範囲だが、選んだ人の存在が感じられる、いい本棚だ。

帰省するついでに、応援団の人たちに呼び掛けてもらい、一箱古本市の話をさせてもらった。どこに行っても、「面白いから、やってみたら」と焚きつけるのだが、故郷で一箱古本市を実現することは以前からの夢だったので、アジテーションにも力が入ったようだ。

山陰中央新報の記者の森田一平さんをはじめ、松江の本好きと知り合えたのもよかった。この日、帰りのJRで途中まで一緒だった内藤直子さんは、宍道町の自宅を改装してブックカフェにしたいという夢を話してくれた。

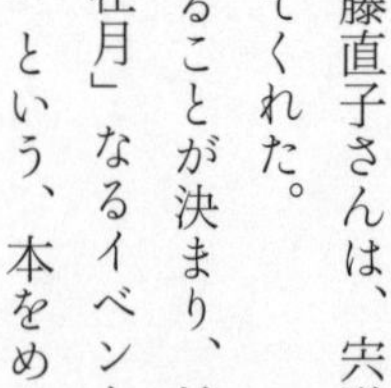

狙い通り、松江市で一箱古本市を開催することが決まり、神様が出雲大社に集まる「神在月《かみありづき》」にちなんで、「BOOK在月」なるイベント名となった。春には地元紙の山陰中央新報で「本と遊べば」という、本をめぐる動きをレポー

トするぼくのコラムもはじまった。

そして十月。堀川に面したカラコロ工房の駐車場で、松江で初めてとなる一箱古本市が開催された。三十五箱の店主が出店。県内だけでなく、鳥取や広島からの参加もあった。松江在住のミュージシャン・浜田真理子さんの箱も出ていた。

ぼくの右隣は、益田市から参加したネット古書店の〈享楽堂〉。店主の山本拡樹さんは、手品師のようなファッションと、幻想文学やファンタジーの本で、道行く人を立ち止まらせていた。

左隣の〈つばきや〉は郷土関係の本を多く出していた。中でも目を引いたのは、植田正治の写真集『松江』（山陰放送）だ。植田は鳥取県境港生まれで、山陰に住みながら写真家として旺盛な活動を行なった。店主さんに話を聞くと、祖父がこの本の文章を書いた漢東種一郎《かんとうたねいちろう》氏だと

曽田篤一郎文庫ギャラリー。雑賀町の住宅街にある

『BOOK在月book1』（2013年10月）。南陀楼の連載「本と遊べば」を収録。翌年10月に「book2」を発行

一箱古本市（2013年10月）。あまりの暑さに翌年はカラコロ工房の地下金庫室に会場が移った

いう。函入りで魅力的な装幀だったが、荷物が増えることを恐れて買わず、後になって「買っておけばよかった！」と悔やむことになる。ちなみに二〇一四年に復刻版が出ている。

　この日はカラコロまつりというイベントがあり、フリーマーケットや屋台でにぎわっている。ときどき一箱の会場を抜け出して、飲み食いする。森田さんに教えてもらい、京橋川を渡ったところにある〈かまや〉に入ってみたが、なんの変哲もないがうまいラーメンで気に入った。

　楽しい一日だったが、秋とはとても思えないほど暑い日で、テントなど日差しを遮るものもなく、風呂に入ると腕が痛むほど日焼けしてしまった。その反省からか、翌年の秋の第二回「BOOK在月」はカラコロ工房の地下がメインとなる。ここは旧日銀の松江支店だった建物で、地下には金庫室があった。そこで一箱古本市と、新刊書店の出張販売が行なわれた。

　不忍の一箱古本市の常連店主である〈脳天松家〉さんも、このときに出店した。翌日は、BOOK在月スタッフの内藤さんの運転で、ぼくも含めた三人で呉まで行き、一箱古本市に参加した。古本イベントがなければ会うはずのなかった人たちと、こうやって何時間も一緒に仲良く過ごしている時間が、とても貴重なことに思えた。

キンニャモニャの夜

隠岐へ行くことに決めた。

島根県で生まれ育ったぼくだが、この歳になるまで日本海に浮かぶ隠岐の島に渡ったことは一度もない。周りにも隠岐に行ったことのある人は少ない。同じ県に属していながら、縁の薄い土地だった。

きっかけは、新谷雅弘さんと久しぶりにお会いしたことだった。

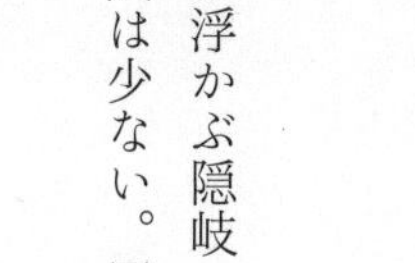

新谷さんは、堀内誠一の助手として『an an』に参加して以来、『POPEYE』『BRUTUS』『Olive』と、平凡出版（のちマガジンハウス）の名物雑誌のデザインを手がけている。それらの誌面を見せつつ、自らのデザインの手法を語った『デザインにルールなんてない』（青幻舎）の著者インタビューをすることになったのだ。十数年前、『季刊・本とコンピュータ』の大伴昌司特集でデザインをお願いしたが、会うのはそれ以来だ。

同書のあとがきに、故郷の隠岐に戻ったとあり驚いた。大阪生まれだが、幼いときから中学を卒業するまで隠岐の海士《あま》町に住んでいたのだという。作品集に載せた雑誌や、それ以外に手がけた書籍や雑誌なども、一緒に島に持っていったと聞き、思わず「それ、見に行きたいですねえ」とつぶやいた。

一箱古本市の前日、松江の〈アルトス・ブックストア〉で、ぼくのトークがあった。アルトスは南田町の〈西村書店〉を二代目の西村史之さんが大胆につくり替えた、生活に関する本を中心とするセレクト書店。この日は新谷さん夫妻も聴きに来てくれた。打ち上げでは、隠岐の見どころを教えてもらう。

隠岐の島は、島前《どうぜん》と島後《どうご》の二つのエリアに分かれる。島後はひとつの大きな島で、人口一万五千人。飛行場もある。それに対して、島前は知夫里《ちぶり》島、中ノ島、西ノ島の三つの小さな島で構成される。新谷さんの住む海士町は中ノ島の全域を指す。

このところ、海士町は「まち起こしの成功例」として報道されることが多い。人口は約二千三百人だが、そのうち一割近くがIターン（出身地ではない地への移住）であり、彼らを含めて、海士町の魅力を外に向けて発信する動きが盛んなのだという。

以前はそういうことにまったく興味がなかったのだが、一箱古本市にかこつけて地方を旅したり、東日本大震災後、「一箱本送り隊」の活動を始めてからは、いやおうなく、まち起こし（どうもこの言葉になじめないのだが）的な動きと関わらざるを得なくなってきた。であれば、海士町を見ておくのは損ではないだろうとの気持ちもあった。

二日後、松江市のはずれにある七類港へ。ここから隠岐行きの汽船が出ているのだ。七類港から中ノ島の菱浦港までは、高速船だと約二時間。しかし、片道六千円もするので乗れない。

三千円のフェリーで四時間かけて行くことにする。

昨日の晴天がウソのように、小雨が降っている。台風が近づいているそうで、今日は大丈夫だが、明日の帰りは高速船もフェリーも欠航する可能性があるという。

乗船場で新谷さん夫妻と会い、一緒に船に乗り込む。船室ではなくラウンジに直行。「ここのテーブルがいちばん過ごしやすいの」と奥さんが云う。一旦乗り込んだら、向こうに着くまではナニもできない。朝の九時だが、ビールを飲んで雑談する。

しばらくしてデッキに出てみると。すでに本土の影は消えており、行く先にも何も見えない。風が強く、波は荒い。しかし、船は安定しており、船酔いすることはなかった。

そのうち、左側に島の影が見えてくる。これが知夫里島だ。小さな港の周りには、民宿が一

アルトス・ブックストア。
展示やトーク、
ライブなどを精力的に
行なっている

汽船から日本海を眺める。
デッキのベンチでうたたねした

キンニャモニャの像。
手に持っているのはシャモジ

軒あるだけ。集落は山を越えた向こうにあるのだ。再び出航すると、行く手の左右に島が現れる。二つの島の間を、船はゆっくり進んでいく。左手の西ノ島に寄ったあと、ようやく目的地である中ノ島の菱浦港に到着した。

船着き場には売店やレストランがあり、〈キンニャモニャセンター〉という妙な名前がついている。キンニャモニャとは、この辺りで唄われる民謡のことだという。

駐車してあった新谷さんの車に乗せてもらう。運転するのは奥さまの真知子さんだ。元は新谷さんのスタッフで、その後、多くの雑誌でデザインや編集の仕事をされている。明るくて、誰とでも仲良くなれる人だ。

海辺の道をしばらく走り、人気のない道に入りこむ。左右は草に覆われ、道路にまで長い枝がはみだしている。ときどき車の窓にそれがぶつかる。車は一台も見えない。それもそのはず、この道はどこにも通じていないのだ。一キロほど走ると道は終わり、草むらになっている。「西ノ島に橋を架ける計画があって、先にこの道路をつくったら、その計画がなくなってこの道だけ残った」のだという。この島にはほかにも、こういった「トマソン道路」があるそうだ。他人が入って来ることがないので、ドライブには最適。セイタカアワダチソウだったか、外来種の植物がはびこっているので、ときどき引っこ抜きにくるんだよと、新谷さんは笑っていた。

車はその後、南に向かう。三十分ぐらい走っただろうか、山を下ったところに集落が現れる。

新谷さんが育った多井《おおい》だ。山に囲まれるように十数戸が建っている。すぐ目の前が海だ。少し歩くと、船着き場がある。昔は漁業が盛んだったが、いまは船の姿もなく淋しい場所になっている。その上を歩いていくと、石を沈めてつくった堤防がある。「この辺でよく泳いだよ」と新谷さんは云う。子どもの頃は、海を眺めてぼんやりと考え事をするのが好きだったそうだ。

さらに南へ行くと、崎という集落がある。『出雲風土記』には神が国を引きよせて島根半島をつくる国引き神話があるが、そこに登場する佐伎の里がこの地なのだという。海に面した小高い山に、古い家が並んでいる。何でも扱う食料品店もあり、いい風情だった。

今度は北に向かい、明屋海岸の断崖の下の遊歩道を歩き、波に浸食されて出来たびょうぶ岩を見る。遊歩道にはさまざまなカタチの木や竹、韓国や中国から流れ着いたガラクタが打ち寄せられていた。そこから見える太陽は、かなり西に傾いている。

〈但馬屋〉という民宿に入るとすぐ、陽が落ちて暗くなった。座敷での夕食は魚づくしだった。食べていると、青年が三味線を弾き、若奥さんが民謡をうたいだす。そのうち、シャモジを持ってうたいながら踊る。これが「キンニャモニャ」なのだ。愉快な節まわしだ。途中で、おばあさんが踊りながら入ってきて、また踊りながら出ていった。

三味線を弾くM青年は地元の人ではなく、Iターンで来たひと。一橋大学に在学中に海士町との縁ができ、この但馬屋に住みこんで、ナマコ加工会社を立ち上げた。彼がつくっているというナマコの珍味は、酒の肴にぴったりだった。この地で結婚し、地元民にも愛されているようだ。こういう生き方ができるとは、海士はいい町だなと思う。

ハーンが愛した島

ラフカディオ・ハーン（小泉八雲）も、この島が好きだったようだ。

一八九二年（明治二十五）、ハーンは境港から汽船で、隠岐に向けて出発した。ハーンは一八九〇年に来日、同年に松江の尋常中学校の教師となり、小泉セツと結婚した。隠岐を訪れたとき、ハーンはすでに松江から熊本に移住していたが、隠岐を訪ねることはかねてからの念願だった。

このときの船内は乗客で足の踏み場もなく、ハーンは通路に積まれた西瓜の上に座って、海からの景色を眺めた。

左舷には出雲の山々が飛ぶように過ぎてゆく。くすんだ原生の緑の長い連なりがところどころ途切れて、神秘的な入江をつくり、小さな漁師たちの集落がその中にひそんでいる。右舷には何マイルも遥かに伯耆の岸辺が、何もない白い水平線に白い糸のように見える砂浜の輝きに縁取られ、温かい青が薄れてやがて一筋へと消えていった。そのかなた天高く、巨大なピラミッドの影が現れていた——大山《だいせん》の霊峰である

（「伯耆から隠岐へ」。銭本健二訳、『明治日本の面影』講談社学術文庫）

ハーンとセツは島前から島後へと回った。西郷や西ノ島の浦郷では、イカの内臓の匂いや物見高い住民に悩まされたが、ハーンは中ノ島の菱浦が気に入り、八日間も滞在した。「このかわいい小さな町の生活は、殊に古風であった。（略）この本当に昔のままの優雅な生活をだれでも覗いて見ることができて、私はそれを眺めるのが好きだった」。ハーンが滞在した入江の旅館跡には、ハーンと地元の少女が座る石像が建っている。彼はこの辺りを「鏡ヶ浦」と命名している（山陰中央新報社編『ラフカディオ・ハーンの面影を追って』恒文社）。

この中ノ島には、十三世紀に後鳥羽上皇が流され、この地で亡くなっている。上皇を葬った山稜を、ハーンは訪れている。私も翌日訪ねたが、ハーンが記すように淋しい場所だった。隣には昭和十年代に創建された隠岐神社がある。その前に資料館があったが、通りいっぺんの展示でつまらなかった。

次に訪れたのは、〈あまマーレ〉。廃園になった保育園に、週末営業の古道具屋があるのだ。集落支援員がはじめたプロジェクトで、家々を回って処分できずに困っていた古道具や食器を

引き取って、リサイクルしている。この保育園の空き部屋に、新谷さんが東京から運んだ本が詰まった段ボール箱が置かれている。全部を開けて、残しておく本と処分したり図書館に寄贈する本を仕分けしたいという。

この保育園の奥には、広いお遊戯室がある。そこに箱を運んで中身を開け、不要な本を販売する古本市をやったら面白い。数年前に千駄木の光源寺で開催した「羽鳥書店まつり」（羽鳥社長の蔵書を約二万冊販売した）ときみたいに、数人で値付けすればいい。新谷さんの蔵書だということで、わざわざ船に乗ってやってくる人もいるだろう。ついでにトークもできる。庭が広いので、ライブもやりたい……と、例によって妄想がふくらむ。

そのあと、図書館に行って、少ないけど質の高い蔵書に驚いたり、海士町で唯一の書店である〈ブックスたなか〉が、小さいながら「町の本屋」としてやっていっていることに、部外者ながらちょっと安心したり。最後は新谷さんの自宅で、デザインの版下を見せていただき、手書きによる精緻な指定が、美しい誌面として完成する過程を見ることができた。こんなに凄いデザイナーがいるんだから、隠岐で本をつくるべきじゃないかと、編集者の血が騒いだ。

午後三時。帰りのフェリーが出る時間だ。〈キンニャモニャセンター〉で、地元の味噌や漬物などを買い、お世話になった新谷さん夫妻と別れて、船に乗り込む。高速船は早々と欠航を決めたが、フェリーは通常通り運航する。行きに比べると、波が荒いようだ。船酔いしないように、ベンチで横になって眠る。

七類港に着くと、すっかり暗くなって、雨も激しくなってきた。松江駅までバスに乗り。そこから東京行きの夜行バスに乗り込む。そこまでやって来た台風に追い立てられるようにバスは走り、翌朝五時に新宿に着いた。

海に面した暮らし

東京に帰ってから、隠岐での二日間を反芻するように、何度となく思い出している。以前から少しは読んでいたハーンの文章をまとめて読んだのも、ハーンが隠岐のことをどのように書いているかが知りたかったからだ。

隠岐からの帰りの船で、消えて行く島を眺めながらハーンは次のように思う。


だからこそ、あんな烏賊の臭いにおいがあっても、わたくしは隠岐が好きになれたのだ。あすこにいれば、日本の内地では感じられない、どこまでも伸びていく文明の圧力からのがれているという喜びを感じ、とくに島前では、人間生活の万事が人工づくめな領域をこえて、ほんとうの自己を知る喜びが感じられたこと。—まあ、そんなことが、あすこを好きになれ

たおもな理由のように考えられるのである
（この一節は平井呈一の訳の方が実感がある。『日本瞥見記』下巻、恒文社）

ハーンがそう記してから百二十年が経ち、隠岐にも本土と同じ「文明の圧力」は広がっている。しかし、どんなにメディアが発達しても、海を隔てているという事実が、住む人の気持ちや暮らし方に影響を与えていることはたしかだろう。
一口に海と云っても、瀬戸内海と日本海では違うし、場所や季節によって海の印象は変わるだろう。もっと、いろんな場所の、海のある町を訪ねてみたいと思う。

多井の海で子どもの頃の思い出を語る新谷さん

あまマーレ（旧保育園）の庭。子どもの声が聞こえてくるようだ

ブックスたなか。いい本を置いていた

コミさんに導かれて

呉・江田島（広島県）

〜二〇一〇年十一月〜

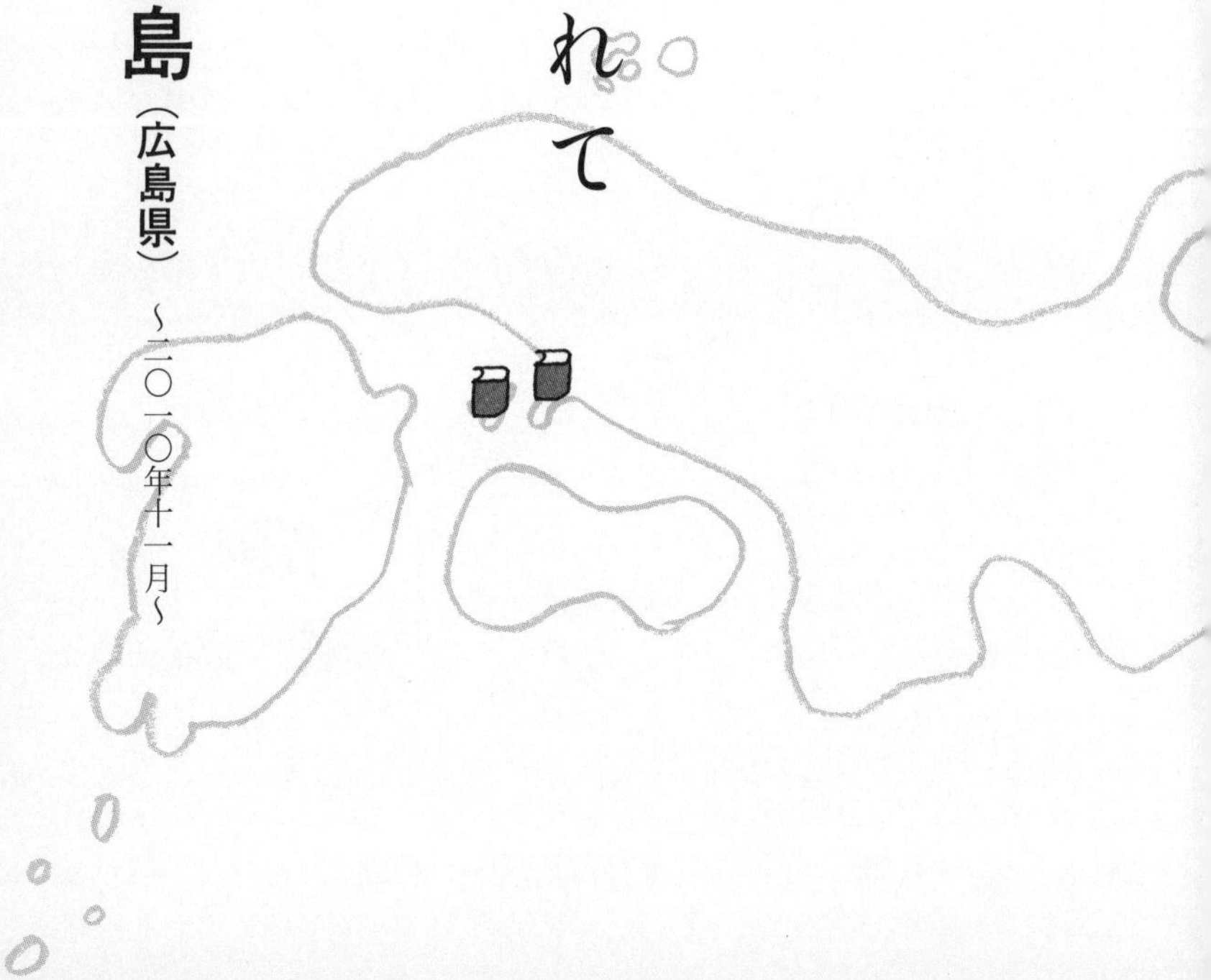

呉・江田島の旅あるきMAP

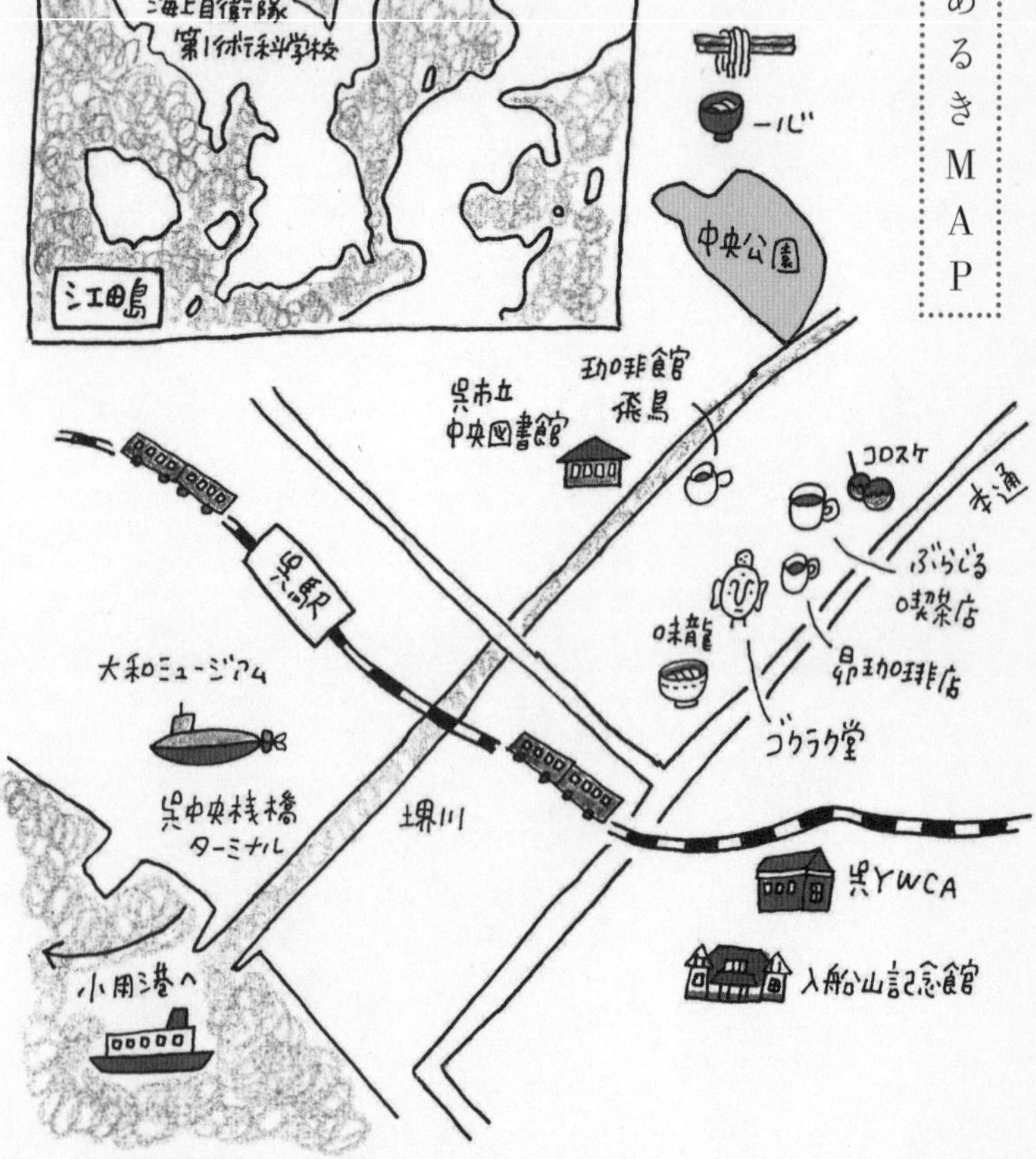

きっかけは、田中小実昌だった。

映画とバス、酒と女が好きなコミマサおじさんの文章が好きになり、ほとんどの著書を集めた。没後に、コミさんの自宅の書斎をルポする仕事をさせてもらい、奥様からコミさんが愛用した手編みの帽子をいただいた（その奥さんも数年前にお亡くなりになった）。とくべつに思い入れのある作家だ。

コミさんは同じ話を繰り返し、同じように平気で書く。これは、いちおう書くことを仕事にしているぼくからすると、すごいことに思える。人（読者）からこう見られたいという、つまらない自意識がまったくないのだ。もちろん同じ話を同じように、といっても、書くときの体調やノリによって少しずつ語り口が違う。そこが愛読者にはたまらないとも云える。

おなじみの話のひとつが、子どものころの呉のことだ。

コミさんは一九二五年（大正十四）に東京で生まれ、小倉を経て、四歳で呉に移った。父は呉の中心地・本通のバプテスト教会の牧師だったが、三年後、東三津田にどこの派にも属さない「十字架のない教会」を設立し、田中家はそこに住んだ。

その家のことを、コミさんはこう書いている。

――ひらったい港町はめずらしい。また、ひらったい平地の港町というのは、たいてい工業用の築港かなんかでつまらない。呉の町も三方を山がとりかこみ、南に軍艦がうかぶ湾がえぐれこんでいた。

ぼくのうちは、その東のほうの丘の南側の斜面にあり、町なみも海もよく見えた。ぼくのうちより上には、ほかの家はなく、ぼくたち家族がすんでる家、すこし上に教会につかってる家、そして丘の稜線にある茶屋風の家と、ひろいスロープの庭に三つの家があった。貧乏牧師のうちなのに、庭（といっても山がすっかり庭になっているのだが）の面倒を見る、農業学校出のオジさんがいたりして、そんなところは、たいへんにぜいたくだった。

（大庭萱朗編『田中小実昌エッセイ・コレクション6　自伝』ちくま文庫）

三つのうち真ん中にある教会の建物は「中段」と呼ばれていた。父の伝記というよりは、父の信仰について考えた小説『アメン父』（講談社文芸文庫）で、この家は次のように描写されている。

中段は、ぼくたちが住んでる家からは、直線で二〇メートルぐらいななめ上にあった。中段の建物の片側はぜんぶ窓で、窓の下に雑木がいっぱい見えた。秋から冬にかけて、ドングリの実ができる木がおものようだった。そんなに大木ではない。みどりもたいして濃くはなかった。木と木とのあいだもまばらな隙間があって、あかるく陽がとおっていた。広島県の

―瀬戸内海にのぞんだ軍港町呉の南にむいた山腹で、あかるい土地だったのではないか。
コミさんが何度となく語る、山の家から見た呉の風景をぼくも見たくなった。

軍港の町の記憶

広島市で開催されているブックイベント「ブックスひろしま」に何度か参加し、一箱古本市に出店したり、イベントに出演したりした。市内を走る路面電車の車内で、古本好きのライター・岡崎武志さんとトークをしたときは、通常運行の電車を待つお客さんが不思議そうに車内を覗きこむのがおかしかった。

ここで、呉から来た黒星恵美子さんと松見恵子さんに出会った。二人はマツボックリ姉妹社という名前で、呉の町を紹介する『甘茶手帖』というフリーペーパーを発行している。妹の黒星さんは、以前東京で雑誌の編集をしていたという。わずか八ページ、プリンタ出力のフリペだが、店や人を丁寧に取材しており、呉の町を愛していることが伝わってくる。

『甘茶手帖』第14号
（2013年11月）

この二人にお願いすれば何とかなるかもと甘えたことを考えて、呉に向かったのは、二〇一〇年の秋だった。

広島駅からJR呉線で一時間ほど。空いている車内には、明るい日差しが射しこむ。右手の窓を眺めていると、建物の切れ目から海が見えてくる。戦時中は、海軍の秘密を守るために列車の海に面した窓が覆われたことがあった。

呉に海軍の根拠地として鎮守府が置かれたのは、一八八六年(明治十九)。海軍工廠をはじめ、軍関係のさまざまな施設がつくられ、呉は海軍の町として発展していく。

駅を降りて、出迎えに来てくれた黒星さん、松見さんと向かったのは、「れんがどおり」の愛称を持つ中通。この中通とそれに並行する本通が、呉の中心地といってもいい。

中通三丁目の角にある〈昴珈琲店〉の前には、「海軍さんのコーヒー」というのぼりが立っている。ほかにも、「海軍カレー」「海軍オムライス」など、町を歩けば海軍尽くしだ。呉港に面した〈大和ミュージアム(呉市海事歴史科学館)〉も含め、海軍が観光の主役になっている。

話が少し先走るが、このときの町歩きがきっかけで、黒星さんたちは呉で一箱古本市を開催する。場所は何度か変わるが、秋の一箱古本市は中通二丁目の交差点の昴珈琲店の前から駅に向かう通りで定着している。ぼくも二年続けてここに出店した。

一九三四年(昭和九)に出た『呉軍港案内』(呉郷土史研究会)によると、「中通は呉市を代表した歓楽街と云った感じだ、カフェー、喫茶店、料亭その他映画館。劇場などはみな中通または中通を中心としてその附近にある」。いまでは、アーケード商店街を行きかう人も少ないが、ちょっと横筋に折れると、バーや居酒屋などが多く残っている。

かつての繁華街の記憶を残す、こういう通りにはふらっと入っても間違いのない飲食店が多い。このとき黒星さんたちに連れていかれた、洋食の〈バンビ〉は店構えといい味といい素晴らしかったが、そのあとすぐ閉店した。

一箱古本市の合間にぼくが行くのは、堺川に面した〈珈琲館 飛鳥〉。そして中華の〈味龍〉。味龍は老夫婦がやっている。尾道ラーメンだったか、こってりした醤油味のラーメンもうまいが、なんといってもカウンターに置かれたおでん！　ココに来ると昼間からビールを飲まざるを得ない。いい気分になったあとで、一箱古本市を冷やかすので、つい本を買い込んでしまう。

中通から堺川を渡る。川に面したところは公園になっていて、橋も広くて見晴らしがいい。田中小実昌によれば、戦前の堺川は悪臭に満ちた川だったそうだ。「あとになり、そのきたなさ、臭さで、わが境川に匹敵するのは、ニューヨークのハーレム河ぐらいかな、とおもったりした」（『拳銃なしの現金輸送車』社会思想社）。コミさんはこのことを、川の目の前にある呉市立図書館がオープンしたときのトークに出演して話している。

図書館は今でもおなじ場所にあって、何度か行ってみたが、大きな図書館なのに郷土資料室がなく、呉に関する本を探そうとするといちいち検索しなければならず、不便さに腹が立った。たとえば、田中小実昌の本も同じ場所に並んでおらず、請求しないと閲覧できない。コレではコミさんが呉出身の作家であることが判らないではないか。

「中段」から見下ろす町

田中小実昌が呉で最初に住んだバプテスト教会は、本通九丁目にあった。現在のバプテスト教会は四丁目にあって、ぼくも前を通った。同じ場所で地番が変わったのか、教会が移動したのか。

コミさんの教会のちかくには、にぎやかな市場があった。「石畳で、頭の上では、日除け、雨除けの天幕がはたはた鳴り、両側に、八百屋、魚屋、揚げ物屋などが、びっしりならんでいる」(『田中小実昌エッセイ・コレクション6 自伝』)。別のエッセイでは、映画館がたくさんあったことや、近所の書店に毎日のように通ったと書いている。

九丁目の路面電車の停留所からは、朝日町という遊廓に向かう支線が出ていた。電車の終点が本通十三丁目だったことから、朝日町遊廓は「十三丁目」とか「十三天国」と呼ばれていたという。

軍港と遊廓は切っても切れない関係にある。船から上がった軍人が駆けつけるし、海軍工廠には多くの男が働いている。朝日遊廓はその欲求を満たす場所だった。朝日町は他の都市の遊廓に比べモダンであり、高層建築で、ダブルベッド、鏡の間、ダンスホールなどを備えた貸座敷まであったという（加藤政洋「軍港都市の遊興空間」、上杉和央編『軍港都市史研究II　景観編』清文堂）。

幼少期のコミさんの周りには、都会の刺激が満ちていた。これらがのちのコミさんを形づくったというのは、云いすぎだろうか。

中心街から出て、山のほうへと向かう。

平地が切れると、道は急に狭くなり、坂の左右にしがみつくように家が並ぶ。以前、尾道を歩いたときもこうだった。

洋食バンビ

珈琲館　飛鳥。モーニングセットがあるのもありがたい

味龍。一箱古本市の会場のすぐ近くにある

汗をかきながら登っていくと、小高く開けた場所に出る。ここからは呉の町が一望できる。湾に向かって、町が広がっているのが判る。

さらに上へと歩いていくと、さすがに家は少なくなる。いくら見晴らしが良くても、こんなに上にあると、生活には不便だろう。

コミさんは、自分の家への行き方をじつに細かく記している。


その家なみがきれると、道が二叉にわかれ、ぼくのうちのほうへは、左ての急な坂をあがるのだが、この坂をのぼると、谷をへだてたむこうの南むきの山腹の、もう人家がとぎれてかなりむこうの、山頂へつづく段々畑のあいだに、ぼくのうちはあった。（『ポロポロ』中央公論社）

果たしてこの通りの道のりだったか、一度行っただけなので、記憶はあいまいだが、印象としてはまさにこのような感じで、コミさんの家は、目の前に現れた、
古い石段を登ると、右側に家がある。庭には洗濯物が干されている。コミさんの父を継いで、この教会の牧師になった伊藤八郎氏がコミさんの妹さんと結婚して住んでいるはずだ。
その斜め上にあがったところにもう一つ建物があった。そこには柵があって入れない。
上段、中段、下段の三つの家のうち、上段は戦後に解体して下に建て直したと『アメン父』

にある。すると、いま上にあるのが中段、つまり教会だろうか。コミさんが繰り返し書くように、十字架はなく、教会らしいところは見られない。

教会の中で行なわれているのも、通常の意味でのお祈りではなかった。


みんな、言葉にはならないことを、さけんだり、つぶやいたりしているのだ。それは異言《いげん》というようなものだろう。使徒行伝の二章にも、異言という訳語は見えないが、そういったことが書いてある。使徒たちが、自分がいったこともない遠い国の言語でかたりだしたというのだ。

こんなふうに、記されたことでは、異言には、こういう意味があったというような場合が、それこそ記されてるが、実際には、異言は、口ばしってる本人にも他人にも、わけのわからないのがふつうではないか。うちの教会のひとは、異言という言葉さえもつかわなかった。

ただ、ポロポロ、やってるのだ。


『ポロポロ』では、集会のある夜の階段での「ぼく」の体験が語られるが、それが不思議なことでも奇蹟でもなく、ただ、そういうことがあっただけ、という書き方をされているのが印象に残る。

教会の入り口に立って、そのようなことを考えたわけでもなく、ぼくはしばらくぼんやりとしていた。

千福に酔う

その後、呉には二度訪れた。

二〇一三年秋には、YWCAでトークをさせてもらった。戦時中、海軍の倉庫として使っていたという木造のかなり大きな建物で、控室として入った奥の部屋など、昔の寮みたいな雰囲気でよかった。扉を開けると目の前が呉線の線路で、列車が通過するのが見える。

昼間はさらに上がったところにある入船山記念館を見学した。旧呉鎮守府の司令長官官舎が復元されている。そこから歴史の見える丘まで歩くと、戦艦大和の塔がある。この下の歩道橋からは、石川島播磨重工の造船所がよく見える。かつて、戦艦大和を造船したドックもここにあった。この日は十月と思えないほどの暑さだった。

トークが終わると、中通の居酒屋で打ち上げがあった。この店で、呉の地酒「千福」を飲んだ。子どものころ、島根でもテレビで「千福一杯いかがです」というCMソングが流れていたので、名前は知っていたが、飲むのは初めて。吟醸でも純米でもない、ふつうの醸造酒だが、なんだかとてもウマい。お燗したものを何本も飲んでも、飽きないし、二日酔いもしない。すっかり気に入ったと周りに言いまくっていたら、呉の一箱古本市の常連である〈木守書房〉さんが、わざわざ千福を買って、翌月に出た松江の一箱古本市まで持ってきてくれたのだ。ありがたい。

翌日は、五回目となる呉の一箱古本市に参加した。アーケードのある通りではなく、少し古びた通りが会場なのが、古本のイベントにはふさわしい。

この日も暑い。いちおう雨除けはあるけど、強い日差しが後ろから襲ってくる。

車の走る道の両側に、三十箱の店主さんが並ぶ。初回から皆勤賞という人もいれば、広島や愛媛から参加した人もいる。お客さんにも常連のようなヒトがいて、呉で一箱古本市が定着してきたのを感じた。

山の中腹から呉の町を見下ろす

「中段」の教会を仰ぎ見る

呉YWCA

入船山記念館

とはいえ、開店してしばらくは立ち寄る人が少なく、日差しに耐え切れず、スタッフに店番を頼んで遊びに出かける。通りを曲がったところにある盆栽屋さんの奥はなぜかギャラリーになっていて、呉出身で東宝映画のデザイナーだった益川進の展示をやっている。黒澤明や市川崑のポスターを手がけたということで、ぼくもよく目にしたデザインが多い。

さらに足を伸ばして、喫茶〈ぶらじる〉へ。厨房の真上が客席になっている面白い造り。店の人の目がないので、隠れ家にいるような気分に。すっかり涼んだ。

残り二時間。会場に戻ると、知り合いがちらほら来てくれ、少しずつ売れていく。戦前のマッチラベル貼込帖を見て「本が売れたら買いに来ます」と云っていた出店者の〈はにわ堂〉さんが、最後に約束通り買ってくれ、上々の売上で終了。

仏具の〈ゴクラク堂〉三階での表彰式では、〈ｔｏｒｏ＊ｔｏｒｏ　ｗｉｔｈ　ＧＥＬ〉さんに南陀楼綾繁賞を贈呈。出店者の〈こまもの屋ｔｏｒｏ＊ｔｏｒｏ〉は、呉の阿賀《あが》という地区の雑貨店。土路生《とろぶ》加津子さんは奈良出身の陽気なお姉さんで、本棚のつくり方をまとめた小冊子を発行していたり、紙ものが面白かった。友人のＧＥＬさんが本の上部にきれいなＰＯＰを立てていて、これが授賞の決めてとなった。

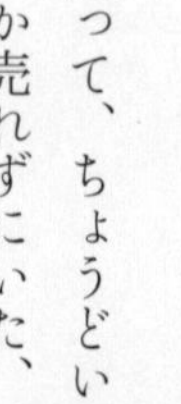

土路生さん

翌二〇一四年秋にも、同様に一箱古本市に参加。前回と違って、ちょうどいい天気だった。各地の一箱で出店していたが、値付けのせいか売れずにいた、中原淳一『愉しく新しく』（『それいゆ』『ひまわり』のイラストやデザインをまとめたもの）を、中原が好んで描いたような美少女が買ってくれたのがよかった。

終わってから、中通のスペースでトークをする。「ちいさな店」がテーマだったので、お相手に土路生さんと、本通でたこやき〈コロスケ〉を営む安井陽介さんにゲストに出てもらった。安井さんは金髪で音楽好きの若者だが、たこやき屋の隣で駄菓子バーも同時にやっている。「同じビルにどんどん店を出したい」と云い、店を持つ楽しさを語ってくれた。

打ち上げでは、今年も千福を飲む。土路生さんが明るい酔っぱらいぶりを見せ、座を盛り上げてくれた。

江田島に渡る

翌日朝早く、ホテルに山本剛志くんが迎えに来てくれた。昨年来たときに、金欠のぼくのために黒星さんが知り合いの家を宿泊場所にしてくれた。それが山本くんの家だった。彼は呉のＮＰＯで働きながら、「アーキウォーク広島」という団体で建築公開イベントや建築ガイドブックの発行にも関わっている。このとき初対面だったが、朴訥な人柄に親しみを覚えた。

山本くんが借りている一軒家は、田中小実昌の家があった東三津田の山腹から南、つまり湾の方向にぐるっと回った東塩屋町にある。この辺りは川原石地区といい、商業の港として発展した。山本くんの家も戦中に海軍関係者が建てたという。

コミさんの家のほうと同じく、狭い道を囲むように家が建っている。老朽化と住人の減少から、何部屋もある家が驚くほど安い家賃で借りられるという。ただし、上に行けば行くほどスペースが限られるため、駐車場は高いそうだ。

彼に連れられて十分ほど歩き、朝からやっているうどん屋へ。呉の細うどん発祥の店という〈一心〉だ。カレーうどんが有名らしいが、天ぷらうどんもうまかった。

それから車で呉港に行き、江田島行きのフェリーに乗る。

途中の小島（大麗女島《おおうるめじま》）を指して、山本くんが「あそこは海上自衛隊の弾薬庫で、上陸禁止なんです。日本海軍のころに海底トンネルが掘られているという話があります」と教えてくれる。わずか二十分で、小用《こよう》港に到着した。

江田島に来るのははじめてだ。つい最近まで「えたじま」と読むことも知らなかった。島のレイアウトが頭に入らないうちに、車は中心部に向かう。火事があったらしく、消防車が何台も止まっている。道が狭いので、消防車が出動するのも一苦労だろう。

かつての海軍兵学校、現在の海上自衛隊の門の手前で、右側の坂をのぼる。これも狭い坂だが、飲食店が目立つ。「昔はチェリーストリートと呼ばれてたらしいですよ」と山本くん。その坂の途中にめざす海友舎《かいゆうしゃ》はあった。木造の白い洋風建築で、周りに建つ家から思いきり浮いている。明治四十年代に海軍兵学校の下士卒用の集会所として建てられたもので、宿泊もできたという。

中に入ると、この場所を管理運営する「ぐるぐる海友舎プロジェクト」(ぐるP)代表の南川《なんかわ》智子さんと、江田島で『Bridge』というフリーペーパーを発行している岡本礼教、容子夫妻が迎えてくれる。神戸の大学で建築を学んだという南川さんは、おっとりした感じのひと。兵学校の外にあったために、この建物の歴史には判らないことが多いという。戦後、民間に

呉の酒・千福の布袋

一箱古本市。30箱ほどが参加する

うどんの一心。裏通りにある

江田島に向かうフェリー

払い下げられ、洋裁学校や会社になっていた。その後、空き家になりそうだったこの建物を維持し、使い道を考えようということで、発足したのがこのプロジェクトだった。

洋間も和室もあり、あとから付けられたという階段もある。歴史がありながら、どこか庶民的な雰囲気もあるのが気に入った。掃除や残された荷物の整理を行ないながら、ギャラリーやワークショップなどを開催する。高野寛のライブには、入りきれないほどの人が押しかけたという。

さまざまな人の手を経た建物なので、本や雑誌もけっこう残されている。なかには、兵学校の蔵書もあり、下士卒がここで読んだのではないかという。その一部はちょうど、この後行く海上自衛隊内の教育参考館で展示されているそうだ。

無造作に並べられている本を何気なく見て行って、一冊に目が留まる。赤い服を着た少女の写真の表紙。ハートウェル『いもうと』（秋元書房）。訳者は田中小実昌だ！　翻訳を始めて二年目に刊行されたもの。たんなる偶然だろうが、こんなところで手にすると、なにかコミさんに導かれて、ここまでやって来たような気持ちになった。

発見された本

ぐるPでは「ぐるぐる散策マップ」も発行している。これを見ながら近所を歩いてみたが、海友舎のまわりを細い道がぐるぐると取り巻いているようで、面白い。

そのまま下に降りて、海上自衛隊へ。ここにあるのは航海や通信を学ぶ第一術科学校だという。一日三回、見学コースがあり、待合室に行くと、もう数十人が座って待っていた。

時間となり、広報担当のおじさんの先導で、ぞろぞろと歩き出す。このおじさんの説明は判りやすく、頭に入りやすい。ときどき挟む自虐的なギャグも慣れたもので、じつに弁舌さわやか。「何度も見学に来てるけど、こんなに上手な人にあたったのははじめて」と、岡本さんも驚いていた。広い敷地にある建物を回っていくので、かなり時間がかかる。

途中でおじさんが「あれが、沈没した戦艦陸奥の砲塔です」と指さす。かなり向こうのほうに、砲塔らしきものが見える。陸奥は太平洋戦争中の一九四三年（昭和十八）に、山口県柱島泊地で突然爆発を起こし、沈没。犠牲者は千百二十一名に上っている。

吉村昭の『陸奥爆沈』（新潮文庫）では、この事故の原因を追究するうちに、軍隊における生々しい問題にぶつかる。吉村は「軍艦の中に人間がそれぞれの感情をいだきながら生きていたことを、実感として強く感じとった」と結んでいる。

参考教育館で、海友舎で発見された本の展示を見る。物理学や数学などの専門書、参考書が多い。桜花の絵付けの食器や洋皿も一緒に並べられていた。

見学を終えて、出発した場所に戻ると、向こうから南川さんがやってくるのが見える。ちょこちょこと走ってくる姿を見て、ジャック・タチの映画『ぼくの伯父さん』で靴を鳴らして女性秘書が駆け寄るシーンを思い出したのは、昨日の一箱古本市でこの映画のパンフレットを買ったからだろうか。

最後は、岡本さんの知り合いという〈ポークアンドチキン江田島〉へ。先に山の上にある牧場で、何千羽もの鶏が放し飼いになっているのを見る。そのあと牧場主の自宅の庭で、主が調理する鶏や豚を食べつつ、ワインを飲むという、なんとも贅沢な昼食をいただく。

そして、みなさんと別れて、切串港からフェリーに乗り、広島の宇品港へ。久しぶりに乗る広電の路面電車で、市内の古本屋へと向かったのだった。

海友舎の正面玄関

細い道がぐるぐると続く

旧海軍兵学校生徒館。
通称「赤レンガ」

牧場から海を眺める

ハートウェル、
田中小実昌訳『いもうと』
秋元書房、1958年

うだつのある町で

高知・阿波池田（高知県・徳島県）

～二〇一二年十一月～

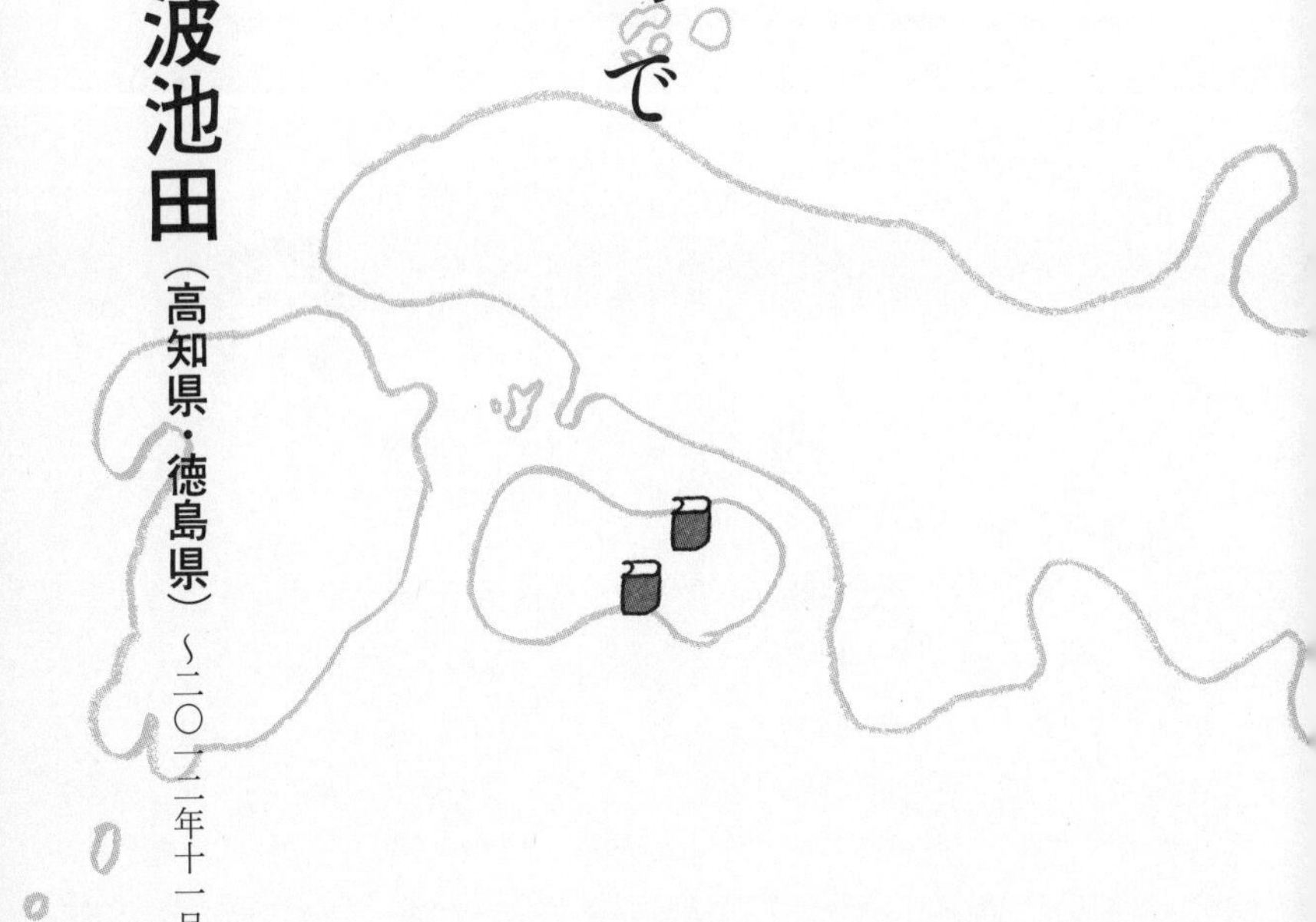

高知・阿波池田の旅あるきMAP

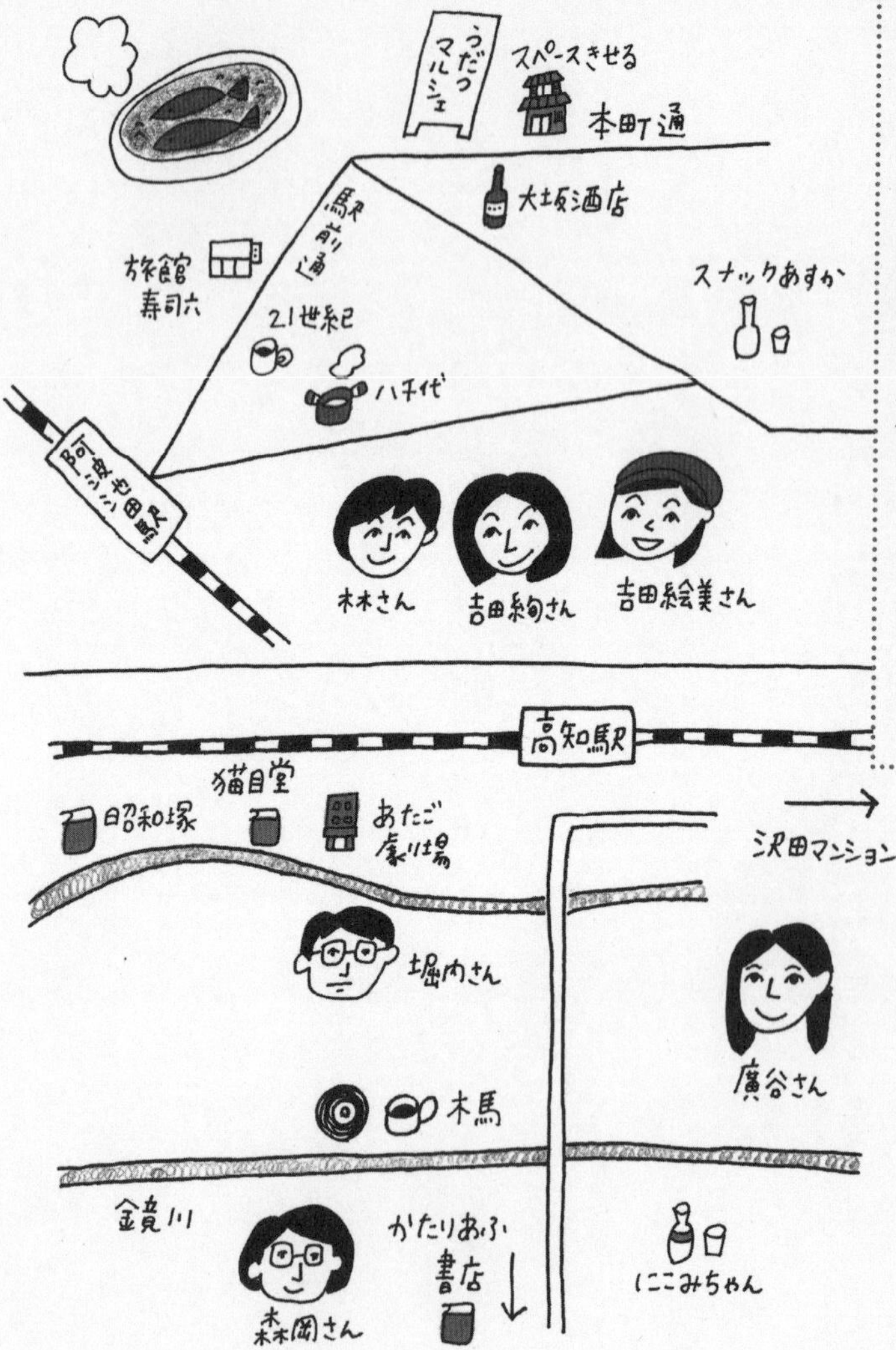

がさがさ、がさがさと、何かが歩いているような音がする。

布団に入って寝つきかけたぼくは、暗闇の中で身を縮める。もともと怖がりの質なのだが、今夜はとくに心細い。

ここは、阿波池田の商店街にある〈寿司六〉という名の旅館。同じ建物の奥にはイタリア料理店があり、兼業しているそうだ。用事があればインターホンで呼び出すので、ふだんは旅館部分には誰もいない。昨日、隣に泊まった知人は先に東京に帰ってしまった。ほかに宿泊客はいない。

部屋を出ると食堂があり、トイレはその先にある。阿波池田は徳島県に属するが、四国のほぼ真ん中にあり、近くには平家の落人伝説を持つ祖谷渓《いやけい》がある。山間部の十一月後半だから、かなり寒い。頻繁にトイレに立つことになるが、そのたびに薄暗い廊下を通らねばならない。早いところ眠ってしまおうと布団に入ったら、この物音である。ああ、恐ろしい。

耳を澄ますと、歩いているような音は屋根裏からではなく、外から聞こえてくるようだ。思い切って窓を開けてみて、正体が判った。商店街のアーケードに雨が当たっているのだ。アーケードの位置は二階の窓に近く、そこに落ちてくる雨の音が重々しく響く。それが歩いている音に聞こえたのだ。

判ってみるとあっけない。がさがさと聞こえていたのが、こんどは心地よい音のように感じられて、ゆっくり眠りへと入っていった。

「阿波池田で一箱古本市をやるので、来てくれませんか？」

そう連絡してきたのは、吉田絵美さんだ。みんなからは「所長」と呼ばれている。

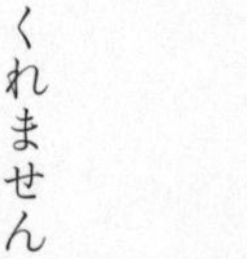

吉田絵美さん

谷根千で一箱古本市を始めてから、面白い発想を持つ若い世代との付き合いができたが、所長もそのひとりだった。「谷根千おしょくじ」といって、地域の飲食店一軒ずつの魅力を紹介したおみくじを岡持ちに入れ、道行く人にそれを引いてもらうというプロジェクトを仲間たちとはじめた。同名の冊子も発行し、店の人や歴史についての記事を載せた。

その彼女が故郷の徳島に帰ることになったのは、一年前のことだ。総務省が主管する地域おこし協力隊に応募し、阿波池田のある三好市で働くことになった。

池田町は、江戸時代から刻みたばこの製造業でさかえた。本町通には、屋根に「うだつ」という防火壁をもつ立派な商家が何軒も残っている。うだつは財力を示すものでもあり、「うだつが上がらない」はここから来ている。

所長はこの通りにある築百五十年の古民家を借りて住み、改装して〈スペースきせる〉と命名した。そしてここを拠点に、町に住む人と外からこの町を訪れる人をつなぐ活動を始めた。「うだつマルシェ」がそれだ。

本町通は商店街を抜けた先にある。この辺りの住所は「池田町マチ」だという。おもしろい表記だ。通りに入ると、手書きの看板が目に入る。村祭りののぼりみたいだ。通りの左右には長机が並び、農作物や加工食品、器や木工などの手づくり品を販売している。おばあさんが自分の畑で採れた大根や人参を売っている横で、パンやクッキーを売る若い女性もいて、その隣ではオリジナルの革製品を並べている男性がいるというように、新旧混じってセンスもバラバラの販売イベントなのだ。似たような世代、共通するセンスの人たちが集まるイベントで、息苦しさを感じることがあるが、ここにはそれがない。ぼくはこっちの方が好きだ。

一箱古本市はこの通りの〈政海旅館〉の中で開かれる。廃業したが、由緒ある旅館として知られているそうだ。たしかに立派な建物で、エントランスだけでもかなりの広さがある。ここ

阿波池田駅。隣接の喫茶店で出す祖谷そばがうまい

うだつマルシェの手書き看板。お地蔵様（？）の横に立つのがまた風情がある

売るものもディスプレイもバラエティ豊か

に十数箱が並んだ。地元の出店者に加えて、高松の予約制古本屋〈なタ書〉や〈ブックカフェソロー〉も参加している。終了後にリトルプレスについてのトークで一緒に話す、岡山〈451ブックス〉の根木慶太郎さんや愛媛で手づくりの冊子を発行するせいかつ編集室の大木春菜さんも出店している。熱心なお客さんが多く、スタート直後からよく売れた。四国一円の本好きがここに集結したかのようだった。

東京から参加したメンバーに店番を代わってもらい、うだつマルシェをぶらぶら歩く。柚子ポン酢や味噌などを買う。ある建物の中庭では、「ひらら焼き」をやっている。熱した平たい石にアメゴを乗せて焼く料理。甘めの味噌が香ばしい。また、スペースきせるでは半田素麺をゆでて出している。通常のそうめんよりも麺が太く、噛みごたえがある。気に入って、何本も買い込んだ。地元の料理だけでなく、なぜかタイラーメンの屋台も出ている。子ども連れの若い夫婦で、普段は山の中で暮らしていて、イベントがあると車で来て屋台を出すのだという。地方には、いろんな生き方をしている人がいるのだと、改めて思う。

ビールも飲みいい気分で歩いていたら、すれ違いざまに「昨日はありがとう!」と声をかけられる。振り返ると、フリフリのピンクの服にミニスカートの太めのおばさん。ああ、昨夜行ったスナック〈あすか〉のママだ。所長の話では、この町にはやたらスナックが多いという。あすかには、うだつマルシェの関係者十人ほどで入ったが、その晩のママも同じ格好だった。ほかに店員もいないのに、「ちょっと出てくるから」といなくなり、一時間近く帰ってこないおおらかなヒトだった。しかし、ものすごく律義で、約束通り一箱古本市を覗きに来てくれ、ぼくの箱から一冊買っていってくれたのだった。

高知で古本屋めぐり

四国には高知空港から入った。

ほかの三県には来たことがあるが、高知だけはなかなか訪れる機会がなかった。阿波池田には高知から土讃線の特急で一時間と、意外に近い。せっかくだから、高知経由で行こう。

同行するのは、吉田絢さん。「谷根千おしょくじ」のメンバーで、以前『世界家庭料理の旅』というフリーペーパーを発行していた。所長も同じ吉田なので、絢さんの方は「世界の吉田」と呼んでいる。彼女はなんと飛行機にはじめて乗るという。「不安だから空港で待ち合わせて一緒に入ってもいいですか？」と不安そう。手にはうだつマルシェで使う、おしょくじを入れた岡持ちを風呂敷で包んで持っている。「世界の吉田」なのに……となんだか笑える。

高知空港には、廣谷ゆかりさんが迎えに来てくれていた。

廣谷さんと出会ったのはまったくの偶然だった。前の月に、谷根千で毎年開催されている「芸工展」があった。町中のギャラリーや店、個人の家などで、さまざまな展示が行なわれる。そのひとつの〈茶ノ間〉に寄ったら、そこで作品を展示している廣谷さんを紹介された。来月高知に行くんですと云ったら、初対面なのに「いいですよー、ご案内します」と申し出てくれたのだ。

空港から高知市内まではけっこう距離がある。その車内の会話で、ぼくと世界の吉田は廣谷さんのトリコになった。ほわんとして可愛い女性なのに、経歴も話もとんでもなく面白い。陶芸家として活動しながら、妙なバンドでギターを弾いていること。娘が二人いて、上の子はすでに社会人になっていること。以前から書いている小説がぜんぜん完結しないことなど。

車は海沿いの道を走る。この辺りには廣谷さんの作業場があるそうだ。近所の人たちは遠慮がなく、勝手に仕事場に入り込んで雑談していく。高圧的なおばさんに従う「パシリの土井さん」とか、夢みたいなことばかり云っているおじさんとか、聞くからに濃厚な人々は次々と登場する。西原理恵子の『パーマネントのばら』に出てくるろくでなしどもとそっくりだ。さすがは高知だと思った。

どこでもお連れしますよとの廣谷さんの好意に甘えて、我々が選んだのは高知の名所ではなく、古本屋だった。

高知市にはかつて〈タンポポ書店〉という古本屋があった。文学好きの夫婦が営む小さな店で、ご主人が亡くなってからも、しばらくは奥さんが一人で続けていた。その片岡千蔵さんのエッセイ集『古本屋タンポポのあけくれ』は、気取らず威張らず、古本屋の日々をつづった、いい本だった。しかし、片岡さんは数年前に亡くなり、店も消えた。

町の古本屋はどこの地方でも減少傾向にあり、四国も例外ではないが、高知市にはまだ何軒も古本屋があって嬉しい。〈猫目堂〉は三十代の男性が店主で、ミステリーやガロ系のマンガが充実している。そこから少し歩いたところの〈昭和塚〉は、蔵書家のコレクションがそのまま店になったような古本屋。高知の地域雑誌『月刊土佐』のバックナンバーが出ていたので、何冊か買う。貸本屋や映画館などの特集を組んでおり、貴重な記録になっている。路面電車の

阿波池田の政海旅館。
昭和天皇も宿泊したという

ぶっくいん高知。
雑多な魅力のある古本屋

かたりあふ書店。店内には
本棚が林立している

線路の近くにある〈ぶっくいん高知〉は、狭くてごちゃごちゃしているが、何か掘り出し物が見つかる予感のする店。高知出身の作家・濱本浩の展覧会の図録を買った。

最後に行ったのは、〈かたりあふ書店〉。中心部からちょっと離れたところにある。さっきも寄ったのだが、まだシャッターが開いていなかった。店主の森岡たかしさんは、高知市内の病院に入院している奥さんを毎日見舞いに行っているため、店を開けている時間は短いという。中に入ると、スチール製の本棚が林立し、やっと通れるほどの隙間しかない。岩波書店の本や文学全集、郷土史の本が並ぶ、反時代的までに硬派な古本屋だ。

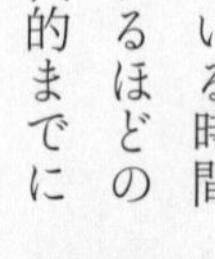

森岡さんは優しい顔つきで、やわらかく静かに話す。彼が発行する『かたりあふ通信』では、読書や古本についてのエッセイが綴られる。手書きでA4サイズ一枚で、知り合いに郵送している。たとえ文章の途中であっても、一枚の最後まで来るとその号は完結する。次の号は「ように私は」「書の魅力は」などと始まる。私的なルールを貫いているのだ。

この店のそばには川が流れている。大雨が降ると増水するそうで、店の本が水浸しにならないか心配している。そこで森岡さんはいま、山の中に本を移しているという。歩いてはとても行けないので、本が見たいお客さんは車に乗せて連れていくそうだ。聞いているととても現実の話だとは思えないが、森岡さんは大まじめだ。高知の人は夢と現実の境目を行き来している人が多いのだろうか？　翌日、高知県立美術館で江戸時代の絵師・絵金の展覧会でも、同じようなことを感じた。

この日の夜は、森岡さんが声をかけた高知の古本屋さんたちと、廣谷さんのバンド仲間のやっている〈にこみちゃん〉という店で飲んだ。およそ商売っ気の感じられない森岡さんが高知県古書組合の会長だけあって、組合員も、もうからなくても古本屋という商売を心から楽しんでいる。古書組合の加入費は県によって額が異なるが、高知は激安で、古本屋を始めるなら高知に移住する方がいいのではと思った。

ちなみに、二〇一四年には香美市の山の上に、若い店主が営む古本屋〈うずまき舎〉がオープンした。タンポポ書店、かたりあふ書店に続く、高知の古本屋のＤＮＡがこの店にも受け継がれているのかもしれない。

沢マンに泊まる

高知に来たら、もうひとつ行きたい場所があった。

沢田マンションというその建物は有名で、テレビで見たり、古庄弘枝『沢田マンション物語』（講談社＋α文庫）を読んで、気になっていた。

一九七一年、沢田嘉農・裕恵夫妻が思い立って、二人だけでビルを建てはじめる。建築の経験のない夫婦がふたりだけの力を頭をとことん使って、設計から内装までをセルフビルドした。自分たちで重機を動かし、次第に高くしていった。

田んぼのある屋上、19号室の隣が82号室という謎、住人は自由に改装できるというフレキシブルさ。嘉農さんが亡くなってからも、裕恵さんをはじめるとする家族がその精神を受け継ぎ、いまだに改築・増築が続いている。住まいの常識を打ち破ったマンションだが、自分たちの住みたいようにつくる家こそ本物なのではないかという気持ちになってくる。

偶然にも、というか、ここまで個性的な人たちに引き寄せられると、むしろ必然ではと思えてくるが、廣谷ゆかりさんはこの沢マンの一階にあるギャラリーの同人で、そこで出しているフリーペーパーを編集しているという。沢マンにはゲストルームがあり、泊まることもできると聞いて、廣谷さんに予約してもらう。

飲み会のあとで、古本屋さんも一緒に沢マンまで来て、夜の見学コースがスタートする。案内人は古くからの住人の写真家・岡本明才さん。岡本さんは何年に一回開催される「沢ソニック」の主催者だ。何するんですか？　と訊くと、「メインイベントはゼリー神輿です」という答えが返ってくる。巨大なゼリーを神輿に載せて練り歩くのだそうだ。

ゆっくりゆっくり動くリフトに乗って屋上へ。ここには巨大な重機が置かれていた。階段を登ったり下りたりして、地下に行くと、駐車場の奥に畳敷きの部屋があった。その脇には薄暗い小部屋があり、岩盤がむき出しになっていて水がポタポタ垂れている。以前、ここを廣谷さんの作業場として借りていたことがあるという。

宿泊したゲストルームは、畳敷きの奥が床の間ではなくベッドになっている。壁には何かを塗りつぶした跡があり、工夫を重ねた様子がうかがえる。翌日、世界の吉田の泊まった部屋を見せてもらうと、細かいところに差異があった。

つくりはじめたときは周りは山だったそうだが、いまでは前にＴＳＵＴＡＹＡやスターバックスコーヒーがある。その駐車場から見える沢マンは、古城のように風格があった。

二日目はひとりで、高知の町を歩く。もう一か所、行っておきたいところがあった。

沢田マンション。見る方向によって印象が異なる建物だ

ゲストルーム。奥が畳ベッド

あたご劇場。映画館というより銭湯みたいな建物だ

〈あたご劇場〉というその名画座のことは、堀内恭さんに教えてもらった。堀内さんはフリーの編集者で、ミニコミ『日曜研究家』でぼくが連載していた日記を読んで手紙をくれた。台東区の入谷に住み、下町の酒場で何度か会った。二〇〇五年からは「入谷コピー文庫」を発行。自分の好きな書き手に書いてほしいテーマで原稿を依頼。一冊分のプリントアウトをそのままコピーし、ホチキスで綴じて十五部程度発行する。ぼくも大学時代の読書ノートからの抜粋を一冊にまとめてもらった。パソコンも携帯も持たず、連絡手段は手紙。この数年は肉親の介護のために、一年の半分は故郷の高知に住んでいる。ぜひ高知で会いたかったが、たまたま東京に戻らねばならず、すれ違いになった。

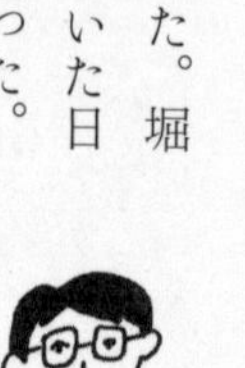

あたご劇場は高知市内に唯一残る名画座で、洋画も邦画も上映する。館主が一人でやっており、年内に閉館するという話を聞いて、ここで映画を観たくなった。

映画館の前にはベンチがあり、中年の女性が座っている。外に面して券売所があるのだが、そこには誰もいない。しばらく待つうちにドアが開き、中年の男性が招き入れる。切符を買い、場内に入るとかなり広く、スクリーンも大きい。二階があるので上ってみると、スクリーンが真正面に見える。我々二人のあと、客が入ってくる気配がないまま映画が始まった。

台湾映画の『父の初七日』（監督　ワン・ユーリン、エッセイ・リウ）。旅先で疲れたのか最初の何十分か眠ってしまったが、後半はじっくり観た。台湾の田舎町をオートバイで走るシーンがよかった。

映画館を出て、はりまや橋のほうへ歩き、古くからあるジャズ喫茶〈木馬〉でコーヒーを飲む。それから、阿波池田に行くために高知駅へと向かった。

なお、あたご劇場はファンからの支持の声もあり、その後休館することなく上映を続けている。

阿波池田の雑誌をつくる

翌年の十一月も、「うだつマルシェ」のために阿波池田を訪れた。

本町通に入り、手書きの看板を見ると、今年もやって来たという気になる。相変わらず、多くの人でにぎわっている。この年の一箱古本市は、蔵を改装したまちかど資料館が会場だった。かたりあふ書店の森岡さんも、わざわざ高知から見に来てくれた。

翌日には、スペースきせるで「阿波池田の雑誌をつくろう」というワークショップを行なった。参加者が町を歩いてテーマを決め、ひとりが四ページずつの記事を書く。それを一冊の雑誌にまとめるという企画だ。

参加する人は雑誌づくりの経験のない人が大半なので、本来だと二日かけて、取材と編集をしてもらいたいところだが、遠方から参加する人もいるので、一日でやるしかない。午前中に

ジャズ喫茶　木馬。
ライブハウスでもある

阿波池田の21世紀。
店内は広く、席数も多い

取材して、午後に記事を書いて編集という、超ハードな工程になった。

ぼくだけではデザイン面が弱いので、林舞さんにも加わってもらう。京都で『ぱんとたまねぎ』というフリーペーパーを発行し、いまでは福岡に住んでデザイナーとして活動している。紙を使ってどう見せるかのアイデアが豊富で、いつも楽しませてくれる。彼女が持ってきたパソコンに、参加者が撮った写真を取り込み、ラフにレイアウトしたものをプリントアウト。それに手書きで文章を書き込むという、アナログとデジタルを折衷した手法をとる。

簡単な説明の後、自由に町を歩いてもらう。阿波池田にはいい店がたくさんある。駅前商店街には〈21世紀〉という喫茶店がある。高知では〈20世紀〉という廃業した喫茶店も見かけたから、一世紀先をいってるわけだ。洋食の種類が多く、「ワイワイカーニバル」なる謎のメニューもある。

その裏のギンザ商店街には、〈八千代〉という大衆食堂がある。鍋焼きうどんやラーメンもおいしいが、奥にはおでんが煮えている鍋があり、客が自分でよそって食べる。これが最高にウマいのだ。

これらの店について書くだけでも、雑誌の一号分はできてしまいそうだ。

一時間後、メンバーが戻ってきた。何を見つけたか、テーマを何にしたいか聞いて、アドバイスする。デザインできるパソコンが一台しかないので、全員のレイアウトを終えるのに時間がかかる。プリントアウトが終った人から、文字を書き込んでいく。手書きとはいえ、タイトルの大きさや書体、配置によって、かなりイメージが変わってくる。

八千代。『へそっこマガジン』は、この店でラーメンを啜るおじさんの写真から始まる

『へそっこマガジン』。ライブ感満載の手づくり雑誌

参加者十人が書いた記事は、どれも面白かった。本町通で五代も続く〈大坂酒店〉のおかみさんは、自分の店の歴史を振り返る。町の元気なおじさんおばさんに文字を書いてもらった人、変わった形の建物を見つけてきた人、タヌキに関するものを拾った人、行きつけの居酒屋の話を書く人もいる。東京から参加したデザイナーの板谷成雄さんはお得意の鉄道話を、持ち込んだパソコンを使い自分で誌面を完成させた。

本来なら、製本まで終えたものを持ち帰ってもらうつもりだったが、版下ができあがったところまでで時間切れだった。それでも一人四ページずつの記事を重ね、その場でつくった表紙を巻いてみると、一人前の雑誌の顔をしている。

阿波池田が「四国のへそ」と呼ばれていることから、誌名は『へそっこマガジン』。終わってから、みんなで出前のラーメンをとる。八千代から古い岡持ちに入って届いたラーメンは、腹にしみる温かさだった。参加者も手ごたえがあったようで、楽しそうに自分がつくったページを見直していた。

その頃には、うだつのある本町通は、もうすっかり暗くなっていた。

洞海《どうかい》湾を渡って

北九州（福岡県）

～二〇一三年九月～

北九州の旅あるきMAP

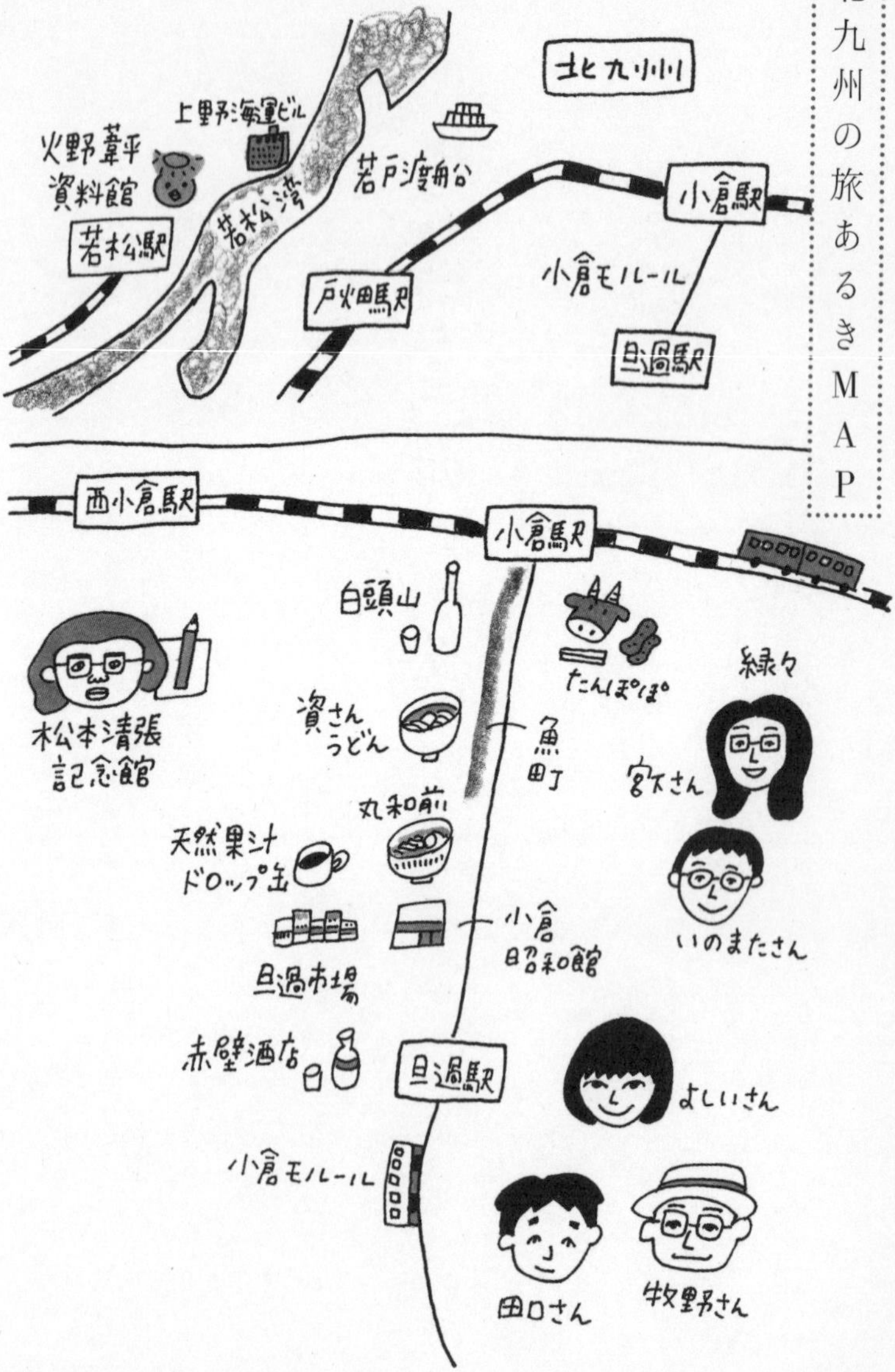

わずか五分で向こう岸に着く小さな船。ぼくがまず思い描く北九州の風景は、いつもこの船の上からはじまる。

洞海湾を渡って戸畑区と若松区をつなぐ若戸渡船。明治にはすでにあり、一九六三年に市営となった。前年には湾の上をおおうようにして、若戸大橋が完成し、渡船の利用客は減っていった。いまも客の数は多いとは云えないが、自転車で乗り込む学生や車に乗れない高齢者の足として機能している。運賃は百円。

女の先生が引率する小学生の集団とともに、渡し場から船に乗り込む。一階のデッキに座っていると、あとから元気な小学生が乗ってきて囲まれるかたちになる。彼らに席を譲って、二階に上がる。吹きさらしで、まだ肌寒い。ベンチに座ったら、また下から小学生たちがやって

若戸渡船。わずか5分の船旅

発着場。
切符は自動販売機で買う

戸畑側の日本水産ビル。
博物館にもなっている

若松川の上野海運ビル

くる。付きまとわれているみたいだ。

船が動き出してから後ろを振り返ると、いま後にした戸畑側に〈日本水産〉という赤い文字が見つかる。一九二九年（昭和四）にできたという、モダンなビルだ。そして対岸の若松を眺めると、こちらにも古いビルが見える。発着場の正面にあるのが上野海運ビル。最近、内部にいくつかの店が入っていて、三階の〈Ａｓａ　ｃａｆｅ〉の窓からは洞海湾が見下ろせる。

船から上がり、海岸に沿って歩くと、旧古河鉱業ビルや石炭会館という戦前にできたビルが残っている。その近くに「旧ごんぞう小屋」と書かれた木造の建物がある。ここはもともとの渡船の発着場であり、一八九一年（明治二十四）開通の筑豊線により、筑豊の炭鉱で掘り出された石炭が若松まで運ばれ、「ゴンゾウ」と呼ばれる沖仲士がここから積み込んだ。その仕事を求めて、各地からよそ者が流れ込んでくる。その頃の若松はアメリカの西部劇に出てくるような無法地帯だったという。

「暗黒面をもちながら一面建設的な役割をもはたすという複雑な性格をもった開拓者たちによって、新しい町の歴史は書かれるのである」（玉井政雄『兄・火野葦平私記』島津書房）

ここに立つと、火野葦平《あしへい》の『花と龍』の一節が思い出される。

――洞海湾の風景は、関門海峡とは、また、趣を異にしている。

瓢箪形の巨大な入海は、戸畑、八幡、若松、という三つの町に取りかこまれ、中島、葛島という二つの島を浮かべている。小倉の足立山、八幡の帆柱山、若松の高塔山などの山々が、この湾を包んで、八幡製鉄所をはじめとする大小工場の煙突が林立し、煤煙が空を掩っている。湾の中の多くの船舶、沿岸を走る汽車――そういうすべてのものの底から、湧きあがって来る力動的な騒音。

（ここの港は、生きている）

金五郎は、洞海湾の潑剌とした鼓動が、じかに、自分の心臓にふれて来る思いで、この風景に、不思議な魅力を感じた。

いま眺めている洞海湾の水はきれいだ。しかし、一九六〇年代には「周辺に約1000社の工場が操業していた洞海湾は赤茶に濁り、魚がすめない死の海と呼ばれた」（毎日新聞西部本社報道部『北九州市50年の物語』石風社）という。小倉生まれの画家・牧野伊三夫さんに連れられて、八幡の〈北九州市環境ミュージアム〉で洞海湾の展示を見たときも、「子どものころ、この海は臭かった」と云っていた。それが地元の主婦たちの活動がきっかけになって、ヘドロが浚渫され、きれいな海が戻ってきた。

話を明治に戻すと、『花と龍』の主人公である玉井金五郎とマンは、門司港でゴンゾウをしていたときに出会って、夫婦となり、若松にやって来る。ここで玉井組の看板を掲げた金五郎は、胆力と篤い信義を武器に大立者にのしあがっていく。明治・大正・昭和にわたる金五郎とマン、そして長男の勝則をめぐる大河小説だ。激しさのなかにユーモアもある。マンが危険を感じると「必殺技」を繰り出す場面には、爆笑させられる。五回も映画化されたのも頷ける。一九六九年の東映版（マキノ雅弘監督）では、金五郎を高倉健が演じた。高倉健の父親は若松の港湾労働者で、健さんも学生時代に荷役のアルバイトをしていたという。

火野葦平は父・金五郎と母・マンをモデルにこの小説を書いた。登場人物は一部の悪役を除き実名で、若松の顔役だった吉田磯吉も出てくる。金五郎の息子・勝則は葦平自身がモデルだ。実際、葦平は早稲田大学を退学後に、玉井組で働き、労働運動を組織した。

葦平は生涯、故郷の若松を愛した。地元の知人をモデルに書いた『糞尿譚』で芥川賞を受賞。『麦と兵隊』以下の従軍記三部作がベストセラーになる。戦後は若松と東京を往復して暮らす。一九六〇年に自宅の書斎で亡くなるが、十三回忌にじつは自殺だったことが明かされた。

若松を歩くと、いまでもあちこちに火野葦平の足跡が見つかる。火野の資料が小倉に移されそうになると若松の人々が反対し、有志の尽力で、市民会館のなかに火野葦平資料室（現・資料館）を開設した。入口に「火野葦平・玉井政雄兄弟展」という看板が立っている。味わい深い手書きの文字だ。

中に入ると、さまざまな河童の人形が並んでいる。火野は河童が好きで小説にもよく登場させ、色紙に河童の絵を描いた。さほど広くない展示室には、火野の写真や原稿、書簡などがすき間なく展示されている。そのボリュームにまず驚く。ワープロ打ちのキャプションが無造作に画鋲で留められているのが微笑ましい。手づくりの情熱が感じられた。

この資料館は、火野葦平を愛する地元の人々の尽力で、一九八五年に開設されている。若松で印刷所を営みながら、〈裏山書房〉として若松に関する本を刊行し、自身も絵や文章を書いた山福康政さんも、そのひとりだった。後日、翌日お会いした長男の康生さんに手描きの看板が良かったと云うと、「ああ、あれ、私が書いたんです。親父が死んだあと、私もなんやかんやと手伝わされてます」と笑った。

火野葦平資料館の
企画展の看板

戸畑の安あがり。近くには
〈あそこ〉という店も

市民会館を出ると、JR若松駅が正面にある。そこからしばらく歩いたところに、火野葦平の旧居がある。葦平はここを〈河伯洞《かはくどう》〉と名付けた。河伯は葦平の好きな河童である。現在、この家は市文化財となり、一般公開されている。そこに管理人として住む、三男の玉井史太郎さん編集の『あしへい』は読みごたえのある研究誌だ。二階の奥には、葦平の書斎がある。彼が自らの命を絶った座敷に座り、しばらく外を眺めていた。

発着所に戻り、戸畑行きの渡船に乗る。着いたところは、道がだだっ広く、人通りは淋しい。しかし、歩いていると、ラーメン屋や定食屋があり、横丁に入ると小さな飲み屋街も営業していて、その一軒の〈安あがり〉という安直だが正直な店名に感銘を覚えた。

五つの町の匂いが残る

北九州との縁は、牧野伊三夫さんがつないでくれた。

二〇〇八年、小倉で『雲のうえ』のシンポジウムがあった。同誌は二〇〇六年に創刊した北九州市のフリーペーパーで、自治体の発行物としては珍しく、観光名所ではなくて、地元で生活している人が通っている市場や食堂などを紹介している。

この雑誌を企画した中原蒼二さんは、アングラテント劇団「水族館劇場」のプロデューサーでもあり、この劇団が近所の〈光源寺〉で芝居をしていた頃に知り合いになった。『雲のうえ』に関しては一読者だったが、ミニコミに詳しいということで、このシンポの司会を頼まれたのだ。

宿泊したホテルは、旦過《たんが》市場の目の前にある。大正時代にできた市場で、川の上にせり出すように建てられている。昔行った釜石の橋上市場を思い出す。一回りしてから、〈赤壁酒店〉に入る。北九州では立ち飲みのことを「角打ち」と云うのだが、ココも奥で角打ちをやっている。すでに二、三人先客がいる。店と市場とは、酒を並べた棚で仕切られていて、外から見えにくくなっている。外のガヤガヤという音を聞きながら、昼間から酒を飲むことに背徳的な喜びを覚える。地元の「天心」という日本酒を飲みながら、小倉名物のサバのぬか炊きを食べる。糠味噌をだしにサバやイワシを煮たもので、酒に合う。

ほろ酔い加減で到着した会場で、『雲のうえ』編集委員の三人に会った。デザインの有山達也さん、編集の大谷道子さん、そして題字やイラストを描く牧野伊三夫さんだ。この中で地元出身は牧野さんだけであり、有山さんや大谷さんが、「地元出身の牧野さんのやりたいことを具現化するのが、自分の仕事」と発言していたのが印象に残った。

そのあと、〈井手商店〉という酒屋の奥の倉庫みたいな場所で打ち上げ。角打ちにしては広すぎる。スピークイージーみたいで面白い。おでんも焼き鳥もうまい。何十人もいたが、さらにばらけて二次会へ。ぼくは牧野さんについて行き、〈ビッグ・ベン〉というバーに入った。

ここで会った田口順二さんは、小学校以来の牧野さんの友人で、牧野さんが主宰する美術同人誌『四月と十月』の仲間でもある。学校の先生とは思えぬあけっぴろげな人柄で、その後、田口さんが正体をなくすまで酔っぱらう場面に、何度か立ち会うことになる。気がつけば、午前二時を回っていた。

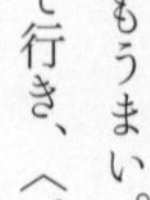

田口さん

それから、しばらく間があき、二〇一一年にまた北九州を訪れた。今度は『雲のうえ』のライターとしての仕事である。第十五号の「ひとりの市民の話」という特集のために、北九州に住むいろんな人の話を聴いて、文章を書いた。もう一人のライターであるつるやももこさんは、大谷道子さんから引き継いで編集委員になっている。

八幡で高炉（鉄鉱石から銑鉄を取り出すための設備）の鳶として働く松崎さん、八幡病院で子どもの命に向き合う市川先生、戸畑でポン菓子の機械を発明した女傑の吉村さん、黒崎で〈黒田湯〉を営む石井さん、平尾台に入植し農業を続けてきた竹原さん、小倉〈古書城田〉の高野さん。どの人の話も興味深く、取材テープが何本も回った。取材先によって、立花文穂さんが写真を撮ることもあれば、牧野さんが絵を描くこともある。牧野さんはぼくの横に座って、相手の話を聴きながら描き、取材が終ったころに完成させる。その絵は手を加えないまま、誌面に載った。現場から直送された牧野さんの絵に刺激されて、ぼくの文章もはずんだ。

取材のために一週間近く、小倉に泊まった。朝起きると散歩に出かけ、旦過市場の食堂か、魚町にある二十四時間営業の〈資《すけ》さんうどん〉でうどんを食べる。丸天うどんがウマイ。昼は取材場所の近くで、ラーメンとかちゃんぽん。いままで知らなかったのだが、北九州は日本蕎麦以外の麺類が全部うまいという、麺の聖地なのだった。焼うどんの発祥の地は小倉だと云われている。しかも、食いしん坊で地元を知り尽くした牧野さんの案内なので、絶対にハズレはない。

夜は小倉のバーか居酒屋。何軒かはしごして、最後は旦過市場の入り口に、夜になると出る

旦過市場。魚や肉、野菜から
餅菓子を売る店まで
小さな店が並ぶ

『雲のうえ』第15号
(2011年11月)。
特集「ひとりの
市民の話」

黒田湯。普通の家に見えるが、
歴史ある銭湯だ

資さんうどんの丸天うどんと
かしわのおにぎり。最強の朝飯

屋台〈丸和前〉で博多ラーメンを食べる。牧野さんはさんざん飲んでもまだ腹が減るらしく、おにぎりを追加している。「ナンダロウさんはやめといたほうがいいね、ちょっと痩せた方がいいから」と余計なひと言つきだ。

短い間だったが、毎日いろんなところに行っているうちに、北九州の幅広さを感じた。北九州市は一九六三年に、小倉、戸畑、若松、八幡、門司の五市が合併して生まれた。合併後も五つの区の独立性は高く、それぞれの町のカラーがいまでも残っている。毎年夏に開催される「山笠」にしても、黒崎と戸畑ではかなり違うという。北九州の人の山笠への入れ込み具合はすごく、戸畑区役所を訪れたとき、その建物に山笠のメイン会場を見下ろす桟敷がくっついていることに、ちょっと呆れたものだ。

山本作兵衛と松本清張

小倉では何度か、若園にある牧野さんの実家に泊めてもらった。

ご両親が持っているアパートの一室を、牧野さんはアトリエに使っている。描きかけの絵が壁に立てかけられている。その横に置かれている大判の本は、山本作兵衛の画集『王国と闇』(葦書房)だ。彼は少年のころから筑豊の炭鉱で働き、六十歳をすぎてから炭鉱の実像を後世に伝えるために絵筆をとった。彼が残した千点を超える炭鉱画は、二〇一一年にユネスコの世界記憶遺産に登録された。田川市石炭・歴史博物館にはその一部が収蔵されており、ぼくも牧野さんに連れて行ってもらってその展示を見ている。

この部屋では、小倉や博多から女性ばかり五人が来て、一緒に飲んだ。親分肌の牧野さんは人を集めて飲むのが好きだ。牧野さん命名の「画家鍋」をつつきながら、夜中の二時まで飲んだ。

このとき、モビール作家のよしいいくえさんと会った。よしいさんは、魚町にある古いビルをリノベーションしたアトリエで製作している。よしいさんと、手づくり品の店〈緑々《あおあお》〉の店主・宮下緑さん、そして京都でフリーペーパー『ぱんとたまねぎ』を出していて、いまは故郷の福岡にいる林舞さんの三人は、『雲のうえのしたで』というフリーペーパーを出している。『雲のうえ』は自治体の予算で発行されているため、その存続が危ぶまれている。そこで同誌を支援するファンクラブが生まれた。『雲のうえのしたで』はその会報で、フリーペーパーを応援するフリーペーパーという珍しい形態だ。紙もののアイディアが豊富な林さんのデザインだけに、折り方も見せ方もうまい。『雲のうえ』が紹介した場所を後追いするだけでなく、独自の視線で町を歩いている。ぼくは北九州にいるときはいつも同紙を荷物に入れて、しょっちゅう地図を広げている。

宴会の翌朝、縁側に寝転んでマンガを読んだり、近所の神社に参ったりして過

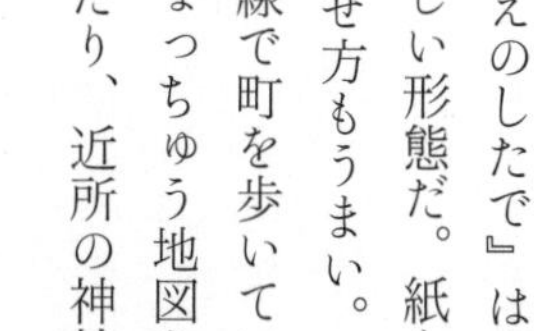

ごしてから、ひとりで出かけた。東のほうに足立山が見える。

十五分ほど歩いて、城野駅に向かう。この辺りにはかつて米軍のキャンプがあった。一九五〇年に数百人の黒人アメリカ兵が脱走して、街で暴れるという事件が起きた。それを描いた小説が、松本清張の『黒地の絵』だ。小倉出身の清張は、この作品を映画化することに執念をもやし、自身で「霧プロダクション」まで創立したが、アメリカ人のシナリオライターとの作業がうまくいかず、けっきょく実現しなかった。ちなみに、主人公役の候補には高倉健が挙がっていたという。前日に再訪した〈松本清張記念館〉では、この事件に関するドキュメンタリーを上映していた。

太平街を想う

二〇一三年九月、雑誌の仕事で、山口県長門市の〈ロバの本屋〉を取材しに行った。

店主のいのまたせいこさんは、以前東京の経堂で〈ロバロバカフェ〉というギャラリー・カフェを営んでいた。奥の狭いスペースにはミニコミやリトルプレスを販売するコーナーがあり、店内で古本市も開催していた。店を閉めるときに彼女と話していたら、山口に住むことになったというので驚いた。出身地

などでなく、たまたま訪れて気に入ったのだという。「地図をパッと開いて指差した場所に旅行したんです」と聴いた気がする。

ロバロバの客だった白石ちえこさんが撮影してくれることになり、一緒に東京駅から新幹線に乗った。新山口という駅で降り、山陰本線に乗り換える。厚狭で美《み》祢《ね》線に乗り換えると、列車は草深い山の中に入っていく。

長門湯本駅で降りると、いのまたさんが車で迎えに来てくれていた。ここからバスに乗ると、バス停から店まで三十分近く歩かないといけないというので助かった。車には小さな男の子が同乗している。最近知り合った女性のお子さんだという。静岡から移住して来て、お菓子の店を開こうとしているそうだ。「ほら、あそこを借りるつもりだったんだよ」と指差した家は山

戸畑区役所には花笠の
観覧場が付設されている

『雲のうえのしたで』
第3号（2014年10月）

ロバの本屋。周りは
見渡す限り山ばかり

際の民家で、とても店をやれる場所には見えなかった。

しかし、ロバの本屋はもっと凄い場所にあった。町役場など主要な施設がある辺りを過ぎ、さらに山奥に入っていく。家が一軒も見当たらなくなった頃に、「ここです」といのまたさんが云う。道路に面した畑の向こうに、小屋のような建物が見える。あぜ道の入口に小さく看板が出ていた。

牛舎と畑つきの一軒家。いのまたさんはそこに住みながら、一年かけて牛舎を改装して店にした。ご主人もあとからやって来て、地元の造園会社に勤めた。いのまたさんも、店をはじめる前は近くの俵山温泉でアルバイトをしていた。

オープンしても、最初はほとんど客が来なかった。そのうちネットで見て少しずつ訪れるようになったが、地元ではまだあまり知られていないという。それでもやっていけるのは、驚くほど家賃が安いからだ。山の向こうに雑貨とカフェの店があり、そこが十年以上続いているのを見て、「じゃあ、なんとかなるかな」と思ったという。

新刊は発行元から直接取り寄せている。ロバロバ時代から扱っているもの以外に、詩集やエッセイなどの本も増えた。文房具や紙も「私が使いたいから」と置いている。壁際にはカフェスペースがあり、遠くの山を眺めながらコーヒーが飲める。一通り取材を終えたあとも、居心地がよくて、だらだら過ごしてしまった。

外に出てみると、夕方の風が心地良い。子どもの頃、父親の実家に帰省した夏が、ちょうどこんな感じだったなと思う。この日は俵山温泉に泊まり、翌朝、鯨にゆかりのある場所を撮影に行くという白石さんと別れて、バスに乗る。

折あしく台風が接近中で、途中から大雨になり、下関駅に着いたときには土砂降りで、バス停から駅に行くだけでずぶ濡れになった。東京に帰ってから、下関在住の作家・田中慎弥の『燃える家』（講談社）を読んだとき、赤間神宮で繰り広げられるクライマックスの場面に、あのときの大雨のイメージが重なったものだ。

夕方には小倉に入り、すぐ飲みに行った。駅の近くにある〈小倉十三区〉という屋台街で、いくつかの店が並ぶ前に通路のような場所があり、そこのテーブルでよしいさんや宮下さんたちが先に飲んでいる。この中の〈たんぽぽ〉という鉄板焼き屋の店内の壁には、牧野さんが絵を描いている。

ビールを飲みながら、火野葦平の構想した〈太平街〉が実現していたら、こんな感じだったかもなと思う。

葦平は終戦後すぐに、空襲で廃墟になった博多の東中洲に「味のデパート」を建設しようとした。太平街と命名したそこは、中央に小劇場があり、その周囲を天ぷら屋やフルーツ・パーラー、中華料理屋など十二軒がかこむというものだった。葦平はその一軒として、〈おでん川太郎〉の開業に異様な熱意を持って取り組み、設計図から前掛け、マッチ、箸袋のデザインまで自分の手でやったという（鶴島正男『河伯洞発掘』裏山書房）。思いついたらすぐ動き、ぜんぶ自分でやりたいところは、牧野さんも同じだ。北九州人の特徴なのか。

　しかしこれは実現せず、青野玉喜という女性が若松で屋台を始めるとき、葦平から川太郎の名前をもらった。その後、川太郎は屋台から小さな店になり、葦平はそこに通った。やくざが野球の試合で決着をつけるという奇想天外なストーリーの連作長篇『新遊侠伝』は、この店を舞台にしている。同作を映画化したものが岡本喜八監督の『ダイナマイトどんどん』（一九七八）で、ぼくはこれを葦平の原作とは知らず、何度も観ていた。

　太平街ならぬ小倉十三区で二時間ぐらい飲んだが、酒豪の宮下緑ねえさんがそれで収まるはずもない。ぼくの泊まる安ホテルに門限があると聞くと、「じゃあ、朝まで飲めばいいね」と恐ろしい一言を云い放ち、二十四時間やっている韓国居酒屋〈白頭山〉に連れていかれる。ここにはビールの自動販売機があり、百円玉を入れると、ロケットの発射台みたいに傾いてジョッキにビールを注いでくれる。それが気に入って、ほかの人が飲む分まで注ぐのを代わってもらい、何度も遊んだ。

　そのあとは、もうすっかりおなじみになった旦過市場へ。この市場の裏には、多くの飲み屋がある。そこのバー〈ドロップ缶〉のみわちゃんとは、別府で初めて会って一緒に飲んでいる。

二階には小さい座敷があって落ち着く。

この店のある通りの裏には、〈昭和館〉という映画館がある。一九三九年（昭和十四）開業で、いまでも盛業中だ。スクリーンは二つあり、どちらも二本立て。支配人は若い女性で、この人もまた酒豪だ。

二〇一四年秋、また小倉を訪れて、緑々でトークをした。お相手はロバの本屋のいのまたさん。店を閉めてから山口から車で来てくれた。「ちいさな店」をテーマに話し合ったが、三十人以上のお客さんが来てくれた。

この日も打ち上げがあり、三次会に向かう途中、新潮社のMさんから声をかけられる。彼が編集した『清張映画にかけた男たち』の著者である西村雄一郎さんのトークがあったのだという。

白頭山の動く
ビールサーバー。思わず
メーカーまで調べてしまった

昭和館。北九州出身の
監督特集など、意欲的な
プログラムを組んでいる

会場は昭和館で、清張原作の『張込み』（一九五八）と先日亡くなった高倉健主演の『新幹線大爆破』（一九七五）の上映にあわせて話したという。自分のトークがなければ、駆けつけたいところだった。回数を重ねるたびに、北九州の好きな場所が増えていき、知り合いも多くなった。前から愛読してきた松本清張に加えて、膨大にある火野葦平の小説も少しずつ読み進めている。北九州との縁はこれからも続きそうだ。

温泉から奇想が湧き出る

別府（大分県）

～二〇一二年十一月～

別府の旅あるきMAP

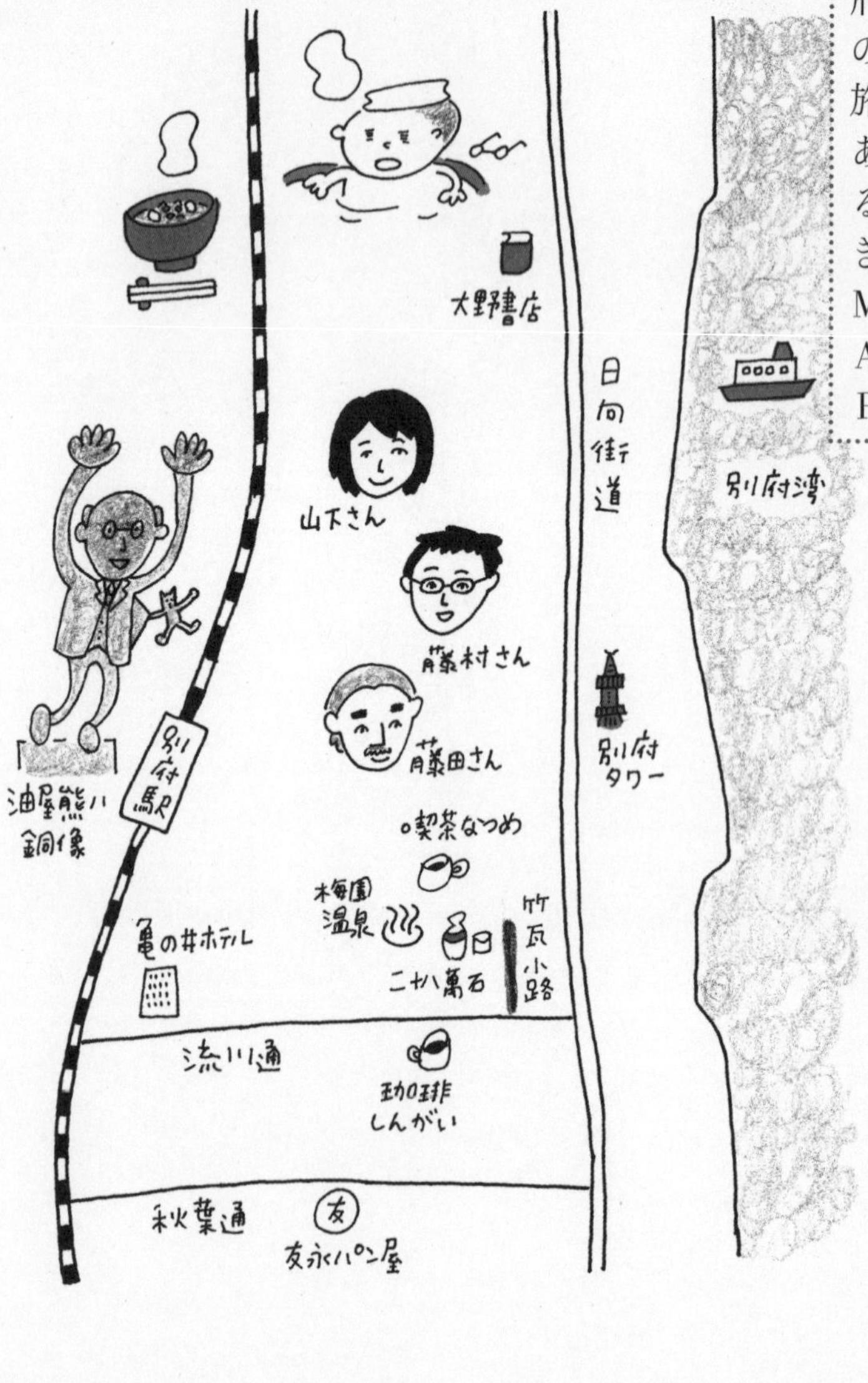
大野書店
日向街道
別府湾
山下さん
藤村さん
藤田さん
別府駅
別府タワー
油屋熊八銅像
喫茶なつめ
梅園温泉
竹瓦小路
亀の井ホテル
二十八萬石
流川通
珈琲しんがい
秋葉通
友
友永パン屋

大阪南港から船に乗った。別府行きの「さんふらわあ」号。夜八時頃に出て、別府港には朝の八時に到着する。

最初は東京から飛行機で行くつもりで、チケットも取ってあった。しかし、大阪の堺市に住む叔父が急に亡くなり、その葬儀に出ることになったのだ。別府行きの船があることは以前、友人から聞いていた。この際乗ってみるか。

さんふらわあ号に乗船する。部屋は四人一緒でベッドがあるだけだが、この日はぼくのほかに一人しかいなかった。荷物を置いて、まず風呂に行った。ここの大浴場の大きな窓から外を眺めると、船がゆっくりと海に出ていく動きがお湯の中で感じられる。風呂から上がると、二階の窓際の椅子に陣取って海を眺めたり、本を読んだりした。

別府タワー。東京タワーや
通天閣を手がけた
内藤多仲が設計した

ソルパセオ銀座の土産物屋。
いつから置いてあるの？
という商品が並ぶ

そのとき読んでいたのは、織田作之助の『夫婦善哉』だった。

何事にも流されやすい柳吉と、しっかり者の蝶子の泣き笑い物語。豊田四郎監督の映画版（一九五五）は、森繁久彌と淡島千景の演技が絶品だ。原作は二人がカフェーを始めるところで終わるが、じつは幻の続編があった。

この原稿は、二〇〇七年に鹿児島県川内市の〈川内まごころ文学館〉で発見された。その続編では、柳吉がカフェーの権利を売って小倉まで競馬をやりに出かけるが、その帰りに立ち寄った別府で化粧品や刃物の商売を始めることを決め、蝶子に地団太を踏ませる。二人が別府行きの船に乗ったのが、天保山つまり大阪南港だった。当時は神戸に寄港しているが、ぼくの乗った船は別府に直行する。

気候が不安定な時期で、船はけっこう揺れた。早々とベッドに入ったが、夜明けにはめざめてしまい、食堂に座ってまた海を眺める。外が明るくなってしばらく経つと、陸地らしきものが見えてくる。

港に着くと、大雨だった。待合室は傘を持たない人であふれている。

昨年（二〇一一年）秋、初めて別府に来たときは快晴だった。大分空港まで迎えに来てくれた、立命館アジア太平洋大学（APU）の牧田正裕先生の車で、海沿いを南に走る。別府が近づくと、左側の砂浜には椰子のような木が並んでいて、南国気分に浸る。別府タワーが見えてくる。

日本最初の木造アーケード

「別府の町で一箱古本市がやりたいんです」と牧田さんからメールをもらったとき、温泉のある観光地というぐらいしか別府について知らなかった。

しかし、一口に温泉と云っても、別府には鉄輪《かんなわ》、明礬《みょうばん》、柴石、浜脇など八つの温泉があり、ぼくがいるのはJR別府駅を中心とする繁華街の別府温泉である。かつては団体の観光客で栄えたエリアだが、いまでは商店街も寂しくなっている。

牧田さんは講義の一環として、学生が中心になって運営する〈まちなかカフェ〉を設置するなど、中心市街地の再生に取り組んできた。まちなかカフェには本棚もある。その延長として、一箱古本市を考えたのだという。

町づくりとして一箱古本市をやりたいという声は、別府に限らずいろんな町で聞いたし、実現した例もある。しかしそれが成功するかは、町に魅力があり、本好きがそこに集まるかどうかによって決まると思う。

牧田さんと一緒に別府の町を歩いてみて、ここなら面白くなるのではと感じる。本のイベントはキラキラと明るい場所には似合わない。アーケード商店街で開催する場合も、黙っていても人が集まる通りより、ちょっと寂れた通りのほうが本が映えるのだ。いまの別府には、長い歴史を経て背表紙が日焼けした古本のような味がある。

匂いがする方へ足が向き、路地があると入り込む。さっきまで眠そうにしていたのに、突然活動的になったぼくを見て、牧田さんはあきれ顔だった。

三つある商店街のうち、西側にある楠《くすのき》銀天街は昼でもぼんやりと薄暗く、やってるのか廃業したのか判らない店が多い。ショーウィンドーの中にベビーカーに乗せたフランス人形があったが、あれは陳列しているのか放置されているのか？

この通りの〈珈琲　しんがい〉は古くからある純喫茶。カウンターの脇には「流川文庫」と書かれた本棚がある。ご主人が集めた別府関係の本や雑誌・新聞記事のファイルが並べられていて、別府初心者にはありがたい。

それらを眺めると、戦前の別府の中心地は東西に延びている商店街ではなく、南北を走る流川通だったことが判る。織田作の『続・夫婦善哉』にも、こうある。


流川通は別府の目貫場所で、芝居小屋こそないが大阪の道頓堀筋に似て、昼間は亀ノ井バスが通じ、夜は旅館、料亭、カフェ、土産物屋など殆んど軒並みに皓々と明るかった。日に何度か通る時、蝶子はしばしば両側の店の内部に目をくばり、陳列棚の配列や飾窓の飾り方などを仔細ありげに観察した。

いまでも、まちなかカフェの向かいに看板建築の金物店が残っていたりするが、当時の繁盛の名残りはあまり感じられない。

最後に、砂湯で有名な竹瓦温泉の向かいにある竹瓦小路に行った。ここは、大正時代にできた日本最初の木造アーケードだ。天井が高くて開放感がある。

「絶対ここでやりましょう！」と進言し、翌月の一箱古本市は二つの商店街と、この竹瓦小路で開催されることになった。

当日、ぼくも竹瓦小路に箱を出した。ここに出店するのは四、五箱。隣は熊本から参加したという若い夫婦だった。〈書肆清貧の書〉という屋号と、それに合わせて選ばれた本を見て、

通りを抜けると
風景が変わるのが面白い

竹瓦小路。流川通に
抜けることができる

梅園温泉。入浴料100円、
洗髪料20円

つい買ってしまう。小路の奥にある〈塩月堂〉は「ゆずまん」がウマい。入口のカフェでは、別府ではおなじみの「だんご汁」が食べられる。疲れたら、目の前の竹瓦温泉に入りに行く。建物の前にある大きな石は、ちょうどいい涼み場所だ。

やよい商店街には、地元のお爺さんが出店している。一人で何箱も並べており、「一箱」古本市なんだがなあと思いつつも、どことなく憎めない。「大東亜戦争の歴史」「忠臣蔵」などと書かれた紙が箱に貼ってある。このヒトなりのPOPのようだ。戦争ものの箱から、鈴木俊平『風船爆弾』（新潮文庫）を買う。

歩いていると、「ガ」と大きく書かれた黒い袋を持った若者（なぜか女性が多い）が何人も通っていく。京都の新刊書店〈ガケ書房〉が出張販売しているのだ。行ってみると、〈草本商店〉という古い建物の、三階の隠れ部屋のようなところで、店長の山下賢二さんがミニコミやリトルプレスを並べていた。初めて見るタイトルも多い。

山下さん

その向かいの〈永久別府劇場〉は、以前はストリップ小屋で、いまはイベントスペースとして使われているようだ。この日は作家のいしいしんじさんが滞在した場所で書く「その場小説」を読むイベントがあった。楽屋を覗くと、出演者への注意書きがあり、その一項に「神仏関係の化粧前への設置は禁止」とあるのがリアルだった。

夜は、ガケ書房の山下さんといしいさんに連れられて、オカマバーに行った。ふっくらした体型が好きだというママに、ぼくだけモテてしまった。

「入り歩き」できる町

別府の町はそれほど大きくない。宿泊したのは海側のホテルだったが、そこから別府駅まで歩いて五分ほどだ。朝でも夜でも、散歩するのにちょうどいい広さである。

町の中には、竹瓦温泉や、宿泊もできる駅前高等温泉、休憩所のある不老泉のようにちゃんとした建物があるものから、小路の間にひっそりとあるものまで、大小さまざまな温泉がある。温泉ガイドを片手に、朝昼夕方と「入り歩き」した。梅園通という細い道から小路を抜けるところにある梅園温泉には、何度か入った。民家のような引き戸を開けると、誰もいない。箱に百円を入れて、中に入るといきなり浴槽がある。脱衣場はその手前にあって、わずかに柵で区切られている。丸くて小さな浴槽に入ると、ちょうどいい熱さだ。

あんまり長湯せずに、十分ほど浸かって外に出る。小路を通り抜ける風が涼しい。さっきは気づかなかったが、入り口の前に小さなお地蔵さんが祀られていた。

梅園通に戻ると、〈二十八萬石〉という居酒屋がある。広い店で、二か所に出入り口があった。まだ開いたばかりで客は少ない。湯上りに冷えたビールがうまい、次は地元の麦焼酎「二階堂」。

この店では、アルコール分が二十五度、三十度の二種類から選べるようになっている。つまみはこれも地元でおなじみのとり天。サクサクしていて焼酎によく合う。

商店街を西側に進んだ先には、〈友永パン屋〉がある。一九一六年（大正五）創業で、現存する別府で最も古いパン屋だ。木彫りの「㊍パン」という看板のある建物も素晴らしい。人気がある店で、朝から店内は満員。入るとまず整理札を渡され、並んでいるパンを見ておいて、順番が来ると注文するしくみ。ぼくはさほどのパン好きではないのだが、ここのバターフランスの柔らかさとモッチリした食感には驚いた。盛岡の〈福田パン〉と並んで、また行きたいパン屋になった。

翌年の第二回一箱古本市では、北高架商店街が新しく会場に加わった。ここはJRの高架下の商店街だが、空き店舗に若い世代の店主のカフェなどが入りはじめている。リノベーションもしているが、古い要素をかなり残しているのがよかった。

どの通りを歩いていても、なにかしらの古い建物や、面白そうな店が見つかる。昔から道が変わってないせいもあって、すべてに過去の匂いがまつわりついているような町なのだ。

熊八の手形

この別府で、二人の面白い人に出会った。もっとも、ひとりはとっくに亡くなっている。別府駅の真ん前に、万歳したまま前に飛び込んでいる最中のような銅像がある。なんだ、この躍動感ある銅像は？

丸い眼鏡をかけたそのおじさんの名は、油屋熊八。別府を観光地に育てた恩人だそうだ。別府の〈大野書店〉という古書店で、村上秀夫『アイディアに生きる　小説　油屋熊八パート2』（別府市観光協会）という本を見つけた。それをよると、熊八は大阪の米相場で財を成すが、その後失敗してアメリカに渡り、明治末期に別府に流れ着いた。亀の井旅館をホテルにし、別

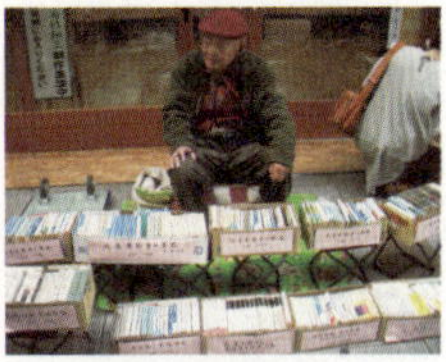

ひとり古本屋状態の
おじいさん

駅前高等温泉。湯船は
高い階段を降りた下にある

友永パン屋。女性店員ばかりで
活気があった

府で初めての自家用車を購入して客を送迎した。これがのちに、別府名物の「地獄」（源泉）をめぐる遊覧バスとなった。

同社はこの遊覧バスに女性車掌を同乗させて、沿道の案内を行わせた。熊八は、文才に長けた社員の薬師寺知朧に、彼女たちが語る文案の作成を託した。七五調の美文であり、また季節ごと、さらには晴天・雨天・霧の日など天候に応じて変化をつける。場所によって「唄を挟む」など、きめ細かなマニュアルがあった。あたかも歌うように語る名調子は人気を集めた。（橋爪紳也『瀬戸内海モダニズム周遊』芸術新聞社）

つまり、日本初の女性バスガイドだ。熊八が発明したものはほかにもあり、♨のいわゆる温泉マークも彼の考案だという。吉田初三郎に依頼して、別府の鳥瞰図を描かせたのも熊八だ。また、別府温泉宣伝協会を結成。「山は富士、海は瀬戸内、湯は別府」というキャッチフレーズをつくり、人を富士山に登らせてその頂上に標柱を立てた。名刺には「別府民衆外務大臣」と入れ、自らを広告塔に仕立てた。温泉のごとく、汲めども尽きないアイディアの持ち主だったのだ。

観光事業の祖とも云える、油屋熊八のことが気になりはじめると、『小説油屋熊八』の前篇や、大分の地域雑誌『ＢＡＨＡＮ』第十号の特集「油屋熊八と別府」、熊八をモデルにした小説である佐和みずえ『別府華ホテル』（石風社）などが手元に集まってきた。別府については、松田法子『絵はがきの別府　古城俊秀コレクションより』（左右社）という労作も出た。そこにも熊八をめぐるコラムが収録されている。

鹿児島を訪れたとき、佐賀の古本屋〈西海洞〉さんから「油屋熊八のことを調べてるんだって？」と、一冊の折本を渡された。虫食いがひどく、表紙からボロボロと紙が剥がれ落ちる。めくってみても、何も書かれていない。しかしある見開きに、青い絵の具で片手の跡が押されていた。ぼくの手よりも一回りは大きい。

じつはこれ、油屋熊八の手形なのだ。

熊八は背が低いわりには掌が大きかった。それもひとつの宣伝材料として、別府で「全国大掌大会」を開いている。

佳作に選ばれた熊八は、自分の手形を色紙に押して人に送る…という趣味がこうじて亀の井ホテルの泊り客はじめ、先輩、知人、友人、それになんの関係もないような人にまで配り始めた。

世間には物好きが多いと見え、この熊八の墨手形希望者が全国各地から殺到、真夏の日は自分の部屋でパンツ一枚、ハゲ頭に捻り鉢巻きスタイルで色紙を並べ、右手の掌に丁寧に墨を塗りたくっては手形を押した。

昭和十年三月他界するまでにこの手形配布の数は五千枚を越えた。

（『アイディアに生きる　小説　油屋熊八パート2』）

そんなに大量に書きまくっていたら、この一枚もそれほど珍しくはないとは云えるが、ぼくには嬉しいプレゼントだった。手形の左側には、自分の手が「努力の結晶」だと書いている。署名は「亀の井主人　油屋熊八」。日付は昭和九年十二月だから亡くなる直前だ。「もう四日で七三青年」とあるのは数え年だからだろう。

熊八にはしたたかな事業家としての面もあったはずだが、計算だけでは、あそこまで奇抜で馬鹿馬鹿しいプランを次々に打ち出すことはできなかったと思う。やはり、考えたこと、思いついたことを実行に移すのが好きだったのだ。

そう考えると、自分の中にも熊八的要素があるように思う。ただし、ぼくの場合はお金に結びつかないアイディアばかりなのだが。

「世間遺産」への眼差し

別府に住むもう一人は、藤田洋三さん。この人も一筋縄ではいかない。
ぼくが藤田さんのことを知ったのは、『世間遺産放浪記』（石風社）という本でだった。藤田さんはそれまでも鏝絵や藁塚など、職人が手がけた仕事を取材しているが、同書はその集大成だった。

「世間遺産」とは、無名の庶民がさまざまな目的でつくった建造物だ。タマネギ小屋、トタンの納屋、イモ貯蔵庫など田んぼに立つ不思議なカタチの小屋をはじめ、石や木を積んだ垣や橋、煙突や水車、井戸、屋根や壁など。病院や銭湯のように、「モダニズム」の文脈で評価される

別府駅前に立つ油屋熊八の
銅像。こんなポーズ、
ほかの銅像で見たことはない

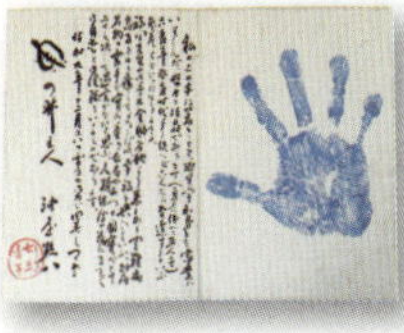
熊八の手形。たしかに、
ぼくの手より一回り大きかった

喫茶なつめ。温泉の湯で
淹れる温泉珈琲も
メニューにあった

建築もあるが、大半は記録されることもなく消えていくものだ。

しかし、これらの物件のなんと魅力的なことか！　魚の鏝絵（漆喰のレリーフ）のある左官小屋、泥と電柱でつくられた橋、土管が材料の壁、マツボックリの小屋など、奇妙なカタチに満ちている。

古くからのやり方を踏襲しつつも、その場その場の瞬間的なアイディアがふんだんに盛り込まれているのもイイ。パワーショベルのタイヤでつくられた祠なんて、よく思いついたものだ。高度成長期につくられたサクランボのカタチをした巨大看板や、国鉄の車掌小屋（ピンクに塗られている）、瓦屋根のバス停などにも眼を向けている。世間遺産とはたんに懐かしいもの、レトロなもののコレクションではないのだ。

「過去の出来事を過去のこととしてとらえるのではなく、これまでとは違う未来へ足をふみだすための物語を探す旅。『手で感じ、足で思い、指先で考える』のが世間遺産の流儀」なのだと藤田さんは書いている。

二冊目の『世間遺産放浪記　俗世間篇』ともに、編集したのは石風社の藤村興晴さん。福岡市で一箱古本市を開催する「ブックオカ」のメンバーで、のちに独立して忘羊社という出版社を始める。別府の一箱古本市に合わせて藤村さんが来るというので、彼に藤田さんと引き合わせてくれるようにお願いした。

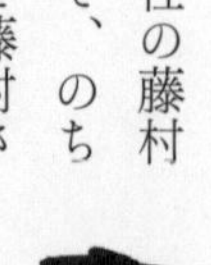

一箱古本市の会場でお目にかかった藤田さんは、ひげを生やし、温厚そうな人だった。しかし、商店街の〈喫茶なつめ〉に落ち着くと、息せき切って話しはじめる（ちなみに、この店に隣接した〈カレーハウスなつめ〉のカレーは、濃厚でぼく好みだ）。藤田さんの話はいま九州各地で自分が取材しているさまざまなことにわたり、建築史と民俗学、写真や趣味のコレクションの話が縦横無尽に駆けめぐった。

いくらでも聞いていられたが、時間がない。残ってまだ話していくという藤田さんと別れて、日田に向かうバスに乗った。

東京に帰ってしばらくすると、藤田さんが一冊の写真集を送ってくれた。『浜脇』（SABU出版）と題されたそれは、別府八湯の中でも古い歴史を持つ浜脇温泉の風景を、一九七〇年代に故郷に戻った藤田さんが撮影したものだ。

高いところから撮った浜脇の町は、屋根が重なるようにしてたくさんの家が並んでいた。履物屋や理髪店などの個人店が、まだ残っていた。しかし、再開発の掛け声のもと、効率をもとめて町は整理されはじめ、浜脇の象徴だった浜脇高等温泉もついに廃業する。本書の後半には、この建物が解体されていく過程が写されている。

藤田さんは、帯にこう書いている。

その世界はあまりにも断続的なためなのか全貌を表さない。現実世界にあって人々の記憶に残っているが、大した意味や価値を持たないと見過ごされるもの。そうしたものを伝達出来るのが〝写真の力〟だと思っている。

ぼくはまだ浜脇に行ったことがないので、この写真集といまの風景を比べることはできない。おそらく、比較的町並みが残っている別府中心街と違って、根こそぎ変わってしまっているのだろう。

しかし、そこに立って町を見つめれば、ホンの少しのかけらであっても、何か昔のよすがが見つかるのではないかと、ぼくは思う。使えるモノならなんでも取り込む「世間遺産」の精神は、いまでも力強く生きているはずだ。

油屋熊八と藤田洋三という、奇想に溢れた二人の後を追って、また別府の町を「入り歩き」してみたい。

ぼっけもんのいる国

鹿児島

（鹿児島県）

～二〇一二年十月～

鹿児島の旅あるきMAP

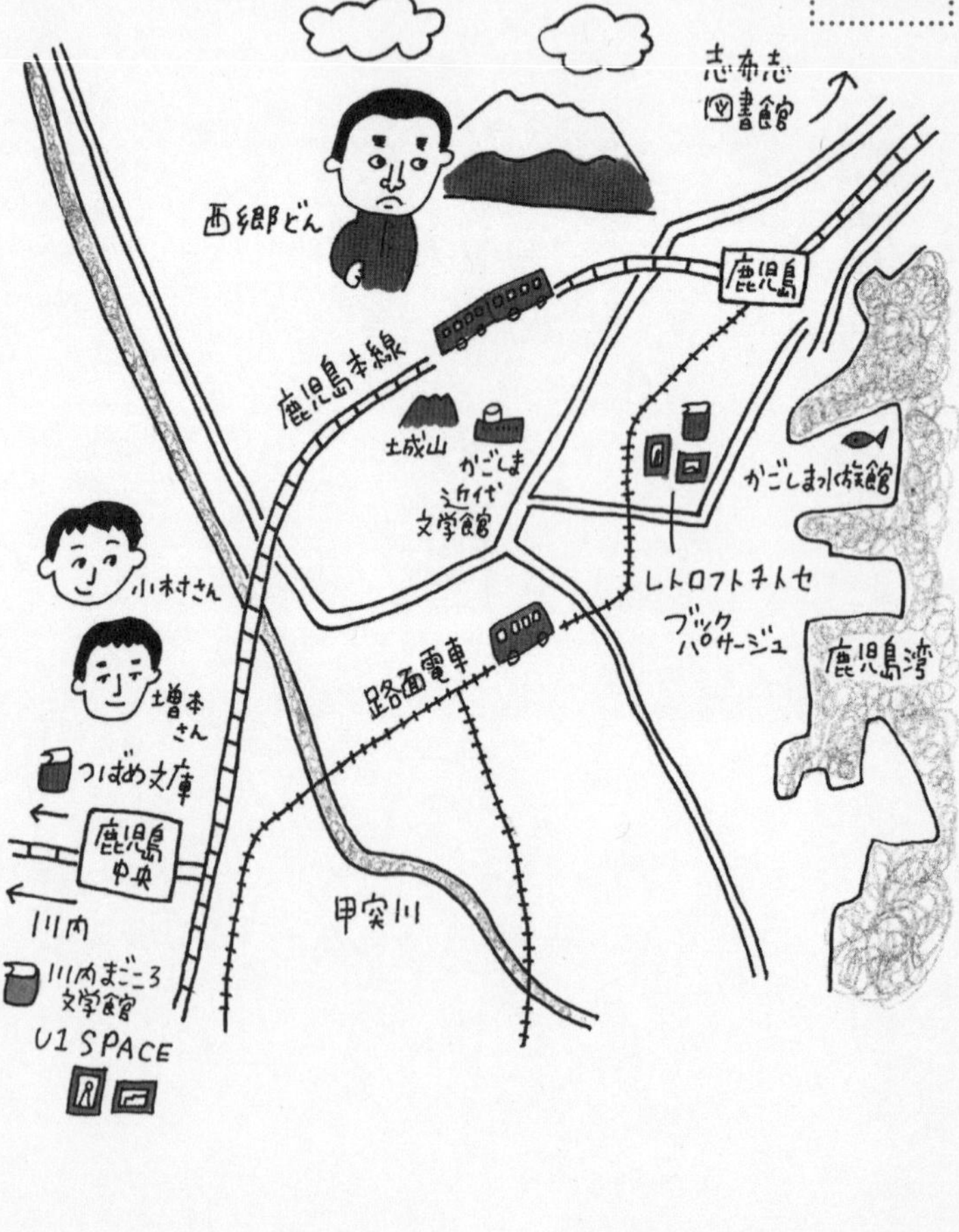

十月二十三日、鹿児島空港を出ると外は快晴だった。

バスは森のなかを突っ切るように走り、鹿児島市内へと向かう。九州には昨年秋、大分県の別府を訪れたが、それよりも南へは足を踏み入れたことがない。

鹿児島についてのぼくのイメージは、ほとんどが山田太一脚本の大河ドラマ『獅子の時代』と、マンガの『ぼっけもん』によって形成されている。

『獅子の時代』は幕末のパリで、幕府の使節団に随行してきた会津藩士（菅原文太）と、それに対抗して派遣された薩摩藩士（加藤剛）が奇妙な友情を交わす物語だ。明治維新の光と影を描いたこの作品を、これまで繰り返し観ている。

一方、岩重孝（現・いわしげ孝）の『ぼっけもん』は一九八〇年代初頭、『ビッグコミックスピリッツ』に連載された。鹿児島県出身の浅井義男が、東京に出て奮闘する話。十代に最も影響を受けたマンガだ。義男の一本気で無鉄砲な性格が、鹿児島人の典型たる「ぼっけもん」なのだろう。

そんなことを思い出しているうちに、鹿児島中央駅前に到着した。黒い弁当箱の上で観覧車が動いている、信じがたいカタチをした駅舎に唖然としていると、さわやかな青年が声をかけてきた。〈つばめ文庫〉の小村勇一くんだ。

その後、佐賀県の唐津からやって来た〈西海洞〉の増本孝さんも合流する。二年前、一箱古本市に参加するために佐賀に行ったぼくを案内して、夜は九州の古

本屋さんとの懇親会も開いてくれた。ヌボーッとした大男で、その口からは前向きな言葉は一切出てこないが、じつは照れ屋でいい人だ。今回も彼から、鹿児島の古本屋さんに話が行き、最若手のつばめくんにナビゲーターが押し付けられたという次第だ。いろんなヒトに迷惑かけてるなぁ。

黒豚とんかつを食べてから城山へ。頂上から真正面に見る桜島は、雄大そのもの。噴煙が薄く立ちのぼる。鹿児島市では火山灰が降るのは日常のことで、町角には灰専用のごみ袋と集積所まで用意されている。

この城山は西南戦争のクライマックスになったところで、あちこちに西郷隆盛ゆかりのスポットがある。翌日に乗った町めぐりバスのアナウンスでも、鹿児島県人の「西郷どん」への愛着を思い知らされたが、そのひとつひとつに妙に大きな看板が立っているのが面白い。軍服姿の銅像の道路の向こうには、「西郷銅像撮影広場」が用意されているし、中腹にあるやっつけ仕事っぽい銅像の横には、「西郷銅像撮影所」という巨大な看板があり、主役より目立っている。

また、桜島が見える場所には写真のどこに何が見えるかというキャプションが掲示してあるが、その中に桜島に立つ「長渕剛像」という文字があり、それが「大久保利通像」や「薩摩義士碑」などと同じ書体なのに笑ってしまった（もっとも、鹿児島ではうかつに長渕をネタにすると、本気で怒られるらしい）。別の場所では、宗教団体の駐車場に「導師用駐車場」と看板を見つけた。説明があからさまというか、親切すぎるというか……。

天文館をしばらく歩いてから、つばめくんの店舗に案内してもらう。駅からさほど遠くはないが、城山に匹敵するぐらい山を上がったところにある。それでも自転車でやって来る客がいるというから、古本好きは根性がある。

アパートの一階が商店街になっていて、つばめ文庫はその中にある。旅の本がメインということで、昔の地図やガイドブック、絵はがきなどが並んでいる。地元の出版社の新刊やミニコミ、フリーペーパーも置いてある。開店してから二年ということで、店のカラーができてきた時期かもしれない。

駅に戻るとき、「この正面をよく見てください。ここから見える桜島が最高なんですよ！」

鹿児島中央駅。観覧車は駅舎に隣接した商業ビルの屋上にある

城山から桜島を見る

西郷銅像撮影所。主役の銅像よりも存在感を主張

と力説するつばめくん。きゃしゃな青年だが、彼もまた、ぼっけもんの鹿児島人なのだ。

古本屋と古本好きが三人集まれば、行くところは決まっている。その後は、市内の古本屋めぐりに終始した。

途中で、博多からやって来た三人の古本屋さんと合流した。彼らはここに来るまで、鹿児島のブックオフを順繰りに回ってきたという。明日は熊本方面に行き、十数店回って夜中に博多に帰るそうだ。生活がかかっているプロは、やることが徹底している。

最後に着いたのが、〈レトロフトチトセ〉というビル。鹿児島市役所の真正面の名山町にある。このエリアは、戦後「青線」(非公認の遊郭)があったところで、いまは飲み屋街になっている。そこにある築五十年のビルをリノベーションして、テナントが入った。

ドアを開けると、天井まである本棚がお出迎え。棚は素通しになっていて、向う側が見えるのがいい。同じフロアにはカフェやデザイン事務所もあり、ゆるやかに空間が共有されている。中央には地下スペースがあり、朗読などが行なわれるという。ヴァルター・ベンヤミンにちなんで〈ブック・パサージュ〉と名づけられたとおり、フロア全体がひとつの回廊になっているのだ。まだ入店してないスペースがあるが、全部埋まったら、相当魅力的な場所になるのではないか。

二階にはパン屋とギャラリー。間にあるトイレは六畳ぐらいの広さがあり、中でイベントが開催されたこともあるほど。ギャラリーの奥にはアーティストが寝泊まりできるベッドもあるという。

あれ？　こんなビルの話、どこかで聞いたことあるな、と思ったら、それも『ぼっけもん』だった。物語の後半、義男は鹿児島に戻り、同級生たちと映画館、レコード屋、書店、喫茶店が入る「シアタービル」をつくろうと奔走するのだ。

その夢の第一歩のところで話が終わるのだが、その二十年後に、もっと洗練されたかたちで、鹿児島に「シアタービル」が生まれていたのだと、嬉しくなった。

その夜は名山町の飲み屋の二階に、古本屋さんばかり総勢十一人が集まり、心行くまで薩摩焼酎を飲み、本の話をするうちに更けていった。

志《し》布《ぶ》志《し》の闘う人たち

翌日の午後には、志布志市にいた。

鹿児島市から車で二時間半。ほとんど宮崎県との県境にある、志布志湾に面した町だ。

数カ月前に、志布志市志布志町志布志の志布志図書館という、冗談みたいに志の多いところのAさんから連絡があった。市民大学で一箱古本市について講演をしてくれという依頼だった。

ひとりが段ボール箱一つ分の本を販売する一箱古本市は、大きな町でなくても、規模や場所に合わせて開催することができる、とぼくは説明してきた。実際、人口数千人の町で開催されたこともあるし、今年の七月には被災地である石巻の商店街でも行なった。

ただ、それは地元にこのイベントの面白さや可能性を知る人がいて、彼らが中心になって進めることが成功の条件である。メールで事務的なやり取りしかしていないので、はたして志布志にそういう機運があるのか、現地に着くまでは正直不安だった。

しかし、図書館でAさんに会ってすぐ、これは大丈夫だと感じた。五十代後半（？）の彼は、生まれてからずっと志布志に住み、教育委員会で生涯学習の仕事をしてきた。地名にちなみ、「志」をテーマにしたエッセイコンテストをはじめたり、町づくりに関心のある住民に向けての市民大学を興したりしてきた。この町きってのアイデアマンだ。

現在は図書館を充実したものにしようとしているAさんは、長野県の小布施町の図書館で一箱古本市が開かれたことを知り、その館長を通じて、ぼくに連絡をくれたのだった。

その後、Aさんの案内で町の中を一回りし、開催すると面白そうな場所を探した。以前は栄えていたがいまは淋しくなっている上町通で、大正時代の洋館を見つけて、「ここを使わせてもらえれば最高です」と告げると、Aさんも「毎年四月末のおしゃか祭りでは、この前を行列が通るから、ちょうどいいですね」と乗ってきた。

七時に始まった講演の聴衆は六十人ほど。見渡した限り、四十代以下は十人以下だった。これほど平均年齢の高い場で話をするのは初めてだ。少し緊張したものの、ロケハンで見たことを盛り込みながら話すと、熱心に聴いてくれていた。

終わってからの質問も、志布志で開催されるときにはどうすればいいのか、という具体的なものだったし、見本として一箱の実演販売したときにも人が群がり、本を買ってくれた。

打ち上げは、Aさんの行きつけの〈菜の花〉という居酒屋の座敷。鹿児島のみならず九州各地の料理が次々と出され、市民大学の学生が原料の芋から育てたという、オリジナルの焼酎が振る舞われた（講師のぼくにも一瓶進呈された）。

口の悪いAさんは、「センセイは（話が硬いから）もう少し落語の間合いを学んだほうがいい。

つばめ文庫の店内。
不定休で営業。催事などへの
出店もよく行う

レトロフトチトセ。
二階のギャラリーには、
不思議なトイレがあった

東郷医院。1917年（大正6）
建築の志布志で最も古い洋館

途中で人が帰ったらどうしようかと思った」と一言多いながら、意外に反応がよかったことに嬉しそうだった。

この晩泊まったのは〈ビジネスホテル枇榔《びろう》〉。志布志湾には枇榔島があり、ビロウという、ヤシのような背の高い木が密生している。それにちなんだ名前だろう。

なぜかベッドが三つもある部屋で眠り、翌朝早く目が覚めたので、持ってきた本の続きを読んだ。『虚罪　ドキュメント志布志事件』（岩波書店）は、二〇〇三年に志布志で起きた選挙違反のでっちあげ事件を、朝日新聞鹿児島総局の記者たちが追ったルポである。

志布志に行くんだからそれに関する本を、という軽い気持ちで手に取った本だが、読んでいくうちに奇怪な事件に引きずり込まれた。県議に初当選した議員を狙い撃ちするように、志布志のある地区で金品授与があったという話をつくりあげ、十数人を拘留し、強圧的な取り調べを続けてウソの自白に追い込み、逮捕した。本当に平成のニッポンであった話なのかと、にわかには信じがたい。

いちど自白した人も否認に転じ、長い間の裁判を闘った末、被告十二人がいずれも無罪を勝ちとった。しかし、その間に亡くなった人もおり、失われた時間と社会的信用は戻ってこない。しかも、警察も検察もいまだに被害者に直接謝罪していないのだ。

平穏な日々を送っていた田舎のおじさん、おばさんが、一瞬のうちに人生を壊されていく様に戦慄を覚えていたが、この日の朝、開いたページから〈ビジネスホテル枇榔〉という文字が目に飛び込んできた。なんと、このホテルの経営者である川畑さんは、この事件で取り調べを受け、事情聴取時に家族からのメッセージとして警察が書いた紙を踏ませるという、隠れキリシタン弾圧を思わせる、おぞましい行為を強制された人だったのだ。

さっき朝食のときにご飯をよそってくれたおじさんや、フロントにいたおばさんがそんな目に遭っていたとは。

川畑さんは取り調べをした警部補を民事提訴し、三年近くの裁判を闘って勝訴した。先の十二人の無罪判決にも、川畑さんの裁判が大きく影響しているという。川畑さんはワゴン車に、警察の取り調べの可視化を訴える文章を書き、アナウンスして回っている。

読んでいる本と、いまいる場がシンクロする経験は何度もあるが、ここまでの偶然は初めてだ。感動に震える気持ちでフロントに降りると、川畑さん夫婦は外で何か作業中だった。目礼して図書館の方へ歩こうとしたら、川畑さんが車で送ってくださると云う。せっかくなので乗せていただく(向いに停まっていた「可視化ワゴン」でないのがちょっと残念)。

本を読んだことを告げると、川畑さんはいま闘っていることを話してくれた。十一月にはまた裁判があるそうだ。握手をして別れる。

狭いコミュニティではさまざまな利害が絡むので、この事件のことを志布志の人に尋ねていいかためらっていた。しかし、あとでAさんに聞くと、ほとんどの住民が警察の横暴を批判しているとのことだった。あと、Aさんは地元民ならではのきわどい冗談を云っていたけど、ここには書けません。

地域の文化振興に知恵を絞ってきたAさんや、不条理な権力と戦ってきた志布志事件の人たち。ここにも、鹿児島のぼっけもんがいた。

箱に先導される旅

三日目の午後は、鹿児島市を挟んで、志布志と正反対の薩摩川内《せんだい》市にいた。川内原発のある町だ。東日本大震災後には、再稼働が問題になっている。

ここの〈川内まごころ文学館〉には、川内ゆかりの文学者の資料が展示されている。昨日の午前中、路面電車に乗って行った鹿児島市の〈かごしま近代文学館〉は、企画展の「黒田三郎展」も常設展示も、学芸員の創意工夫に満ちたすばらしい文学館だったが、ここも小さいながら頑張っている。

作家の有島武郎と画家の有島生馬、そして作家の里見弴の兄弟の父・有島武は、この地生れの政治家だった。

また、改造社の社主・山本實彦のもとに遺された、作家の生原稿も展示されている。存在が知られていなかった織田作之助の『続・夫婦善哉』はここで発見され、その後、初めて活字化された（いまでは岩波文庫に入っている）。

隣の川内歴史資料館も覗くと、アイデアと自己宣伝にあふれた天狗煙草の岩谷松平も川内の出身だと知った。山本實彦や岩谷松平のように野放図な人物を、「川内ガラッパ（河童という意味）」と呼ぶらしい。これもまた、ぼっけもんの一変種だろうか。

そこからタクシーに乗り、隈之城にある小城製粉へ。製粉工場の隣に、〈のせ菓楽〉というお菓子屋さんがあり、さらに奥にはギャラリースペースがある。〈U1 SPACE〉というそのギャラリーでは、牧野伊三夫さんの展覧会が開催中だ。店で選んだ塩かるかんを食べ、コー

ビジネスホテル枇榔

川内まごころ文学館

U1 SPACE。隣の店舗で
買ったお菓子が食べられる

ヒーを飲みながら、ぼんやりと友だちの絵を眺めている。

なんでいま、鹿児島のこんな所にいるんだろうと不思議に感じる。中学のときに読んだ『ぼっけもん』が、ここまで連れてきてくれたような気もする。

来月は別府と日田、そして高知と阿波池田に行くことになっている。一箱古本市用の箱は、先に別府に届くことになっている。箱に先導されて各地を回る、こんな旅が、まだしばらく続きそうだ。

東京の町を旅あるきして

都電荒川線（東京都）

〜二〇一四年十二月〜

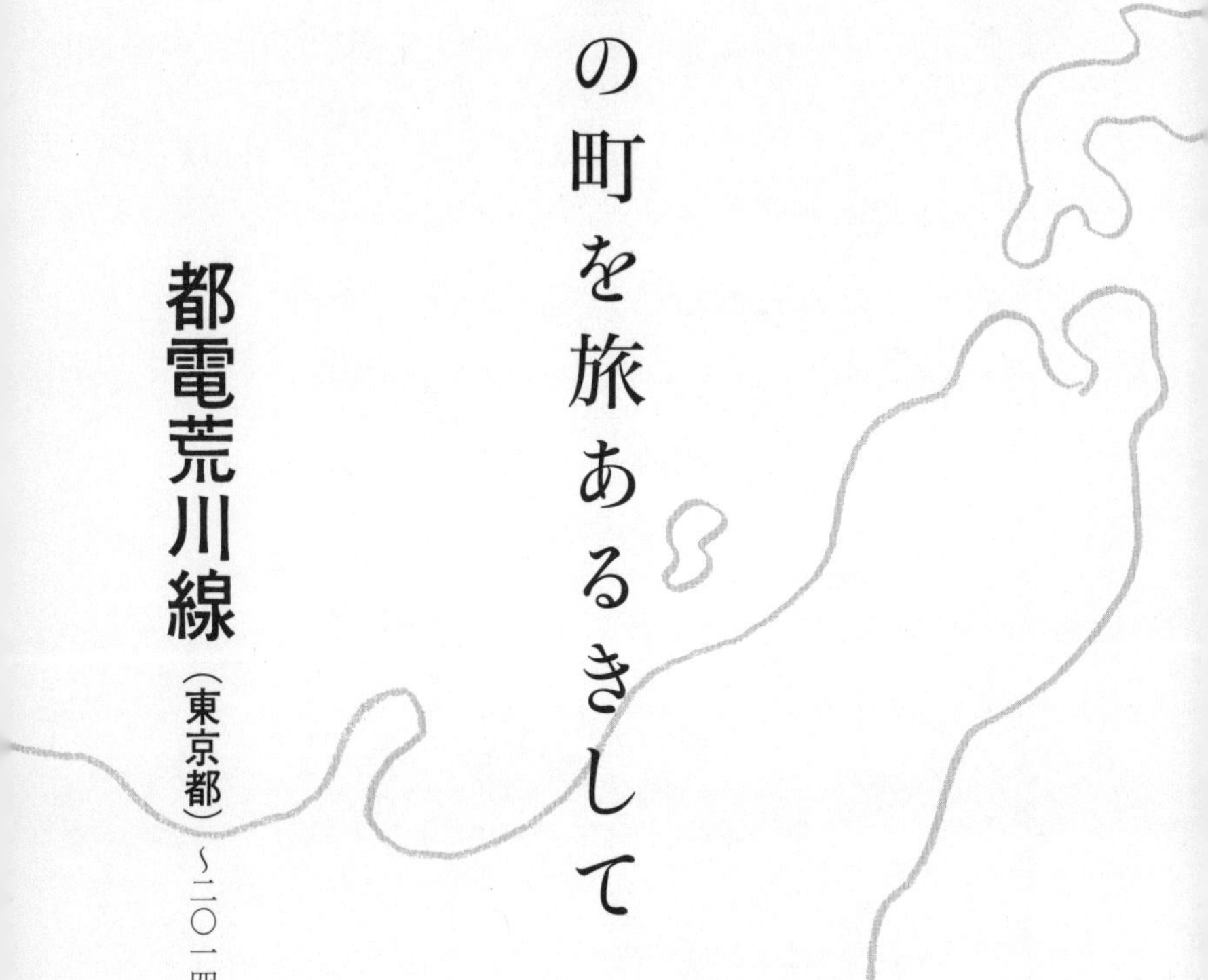

都電荒川線の旅あるきMAP

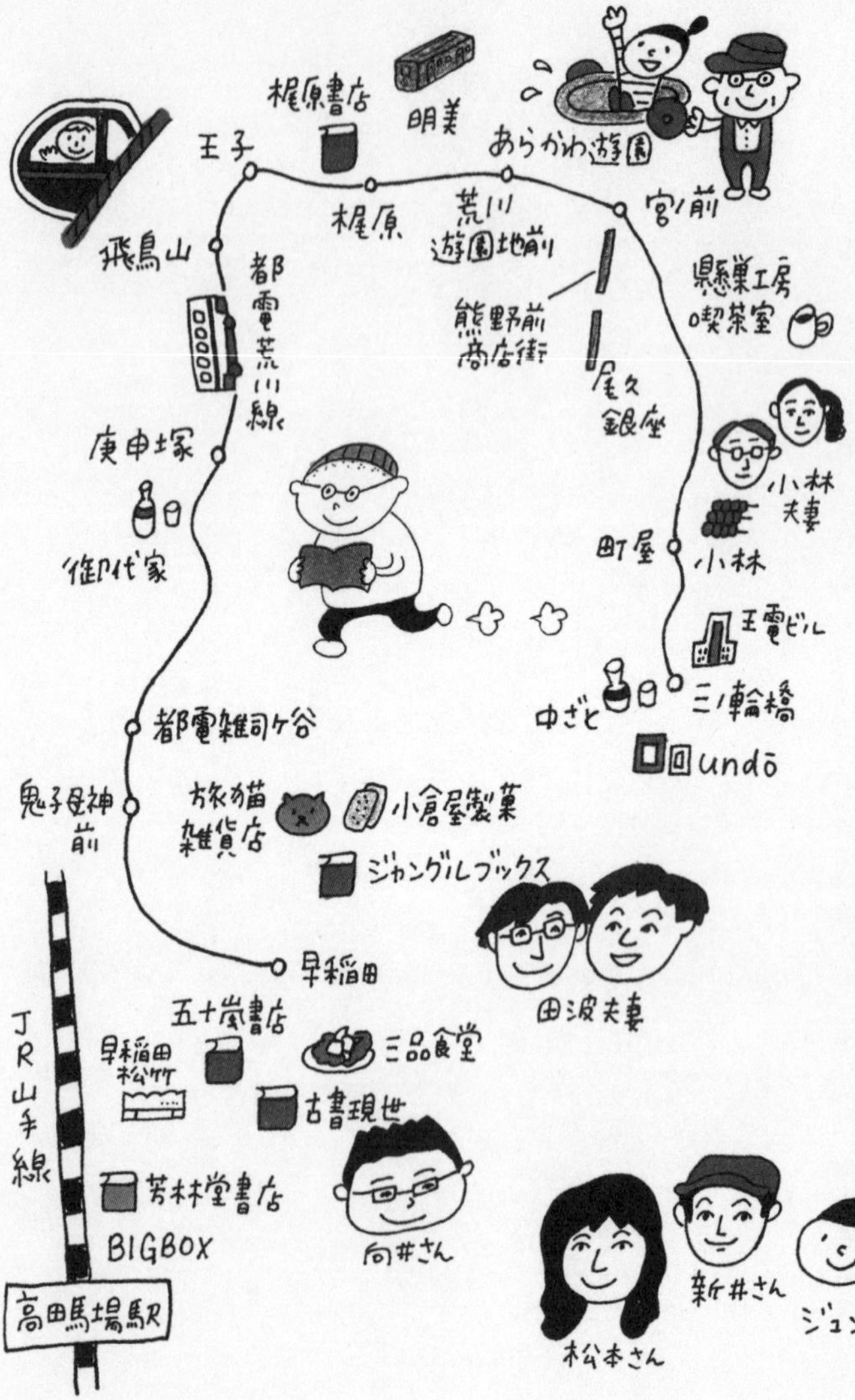

旅あるきの最後は、東京にしよう。

ぼくが上京してから、もうすぐ三十年になる。はじめは中央線の西荻窪に住んだが、この二十年ほどは谷根千（谷中・根津・千駄木）の周辺で暮らしてきた。

どこを歩こうかと思案して、「都電荒川線に乗ろう」と決めた。富山、広島、高知、鹿児島などは、町の中心部を路面電車が走っている。自動車しか走っていない道路に比べて、路面電車が走る道はどこか人の匂いがする。荒川線の、東京なのに地方の町のような雰囲気が好きだ。

寒さが厳しくなりはじめた十一月末の昼まえ、ＪＲ高田馬場駅に降りた。あいにく小雨が降っている。隣接した商業ビル〈ＢＩＧ　ＢＯＸ〉の一階エントランスでは、早稲田の古本屋が共同で古本市を毎月開催していた。大学生の時は欠かさずに行って、安い文庫本を漁っていた。ここの古本市と、秋に早稲田の穴八幡宮で行なわれる青空古本市が、ぼくの古本ライフを豊かにしてくれた。一方で後年、大量の蔵書に悩まされる道を開いたとも云えるが。

待ち合わせしたのは、ロータリーの反対にあるＦＩビル。ここの上には昔から〈芳林堂書店〉があり、よく通った。一階に〈ドン・キホーテ〉が入っているのにびっくり。本書編集の松本貴子さん、デザインの新井大輔さんと立ち話していると、イラストを描いてくれる佐藤純子さんがやってくる。ジュンコちゃんは仙台在住だが、東京で個展を開くのに合わせて同行してもらうことになったのだ。

では出発。ここから早稲田大学に続く早稲田通にある店は移り変わりが激しく、ぼくの学生時代から残っている店は少ない。近年まで頑張っていたレコードの〈ムトウ〉も新刊の〈未来堂書店〉も床がべたべたするラーメン屋の〈熊ぼっこ〉もいまはない。

そんな中で、〈早稲田松竹〉が健在なのはうれしい。洋画二本立ての名画座で、最初に観たのは、スペインのビクトル・エリセ監督の『ミツバチのささやき』(一九七三)と『エル・スール』(一九八三)だった。二〇〇二年に休館したが、一年後に再開。いまでは若いスタッフの力で、都内でも集客の多い映画館になっている。

その先に進み、「あそこにある店がね……」と同行者に云おうとして、その先が続かない。店があるはずの場所が更地になっていたからだ。ココには崩れかけのボロボロの建物があり、〈らんぶる〉という喫茶店をやっていた。名曲喫茶なのになぜかラジオの相撲中継がかかっていた。タキシードを着たマスターがやってきて、「コーヒーでいいね」と有無を云わせず、泥水のようなコーヒーを持ってくる。サークル仲間と授業のハナシをしていたら、マスターが「ぼくも早大の哲学科だったんだよ」などと割り込んでくる、ヘンな店だった。ずっと前から店はやってなかったが、それでも建物は残っていた。ついにそれがなくなったのだ。

こんな具合にぼくのノスタルジーに付き合ってもらっていては、たちまち一日が終ってしまう。明治通を渡って、古書店街に入る。〈五十嵐書店〉は卒論の資料を集めに通った店。いまは建て替えて、別の店のようになっている。ご主人の五十嵐智さんが神保町での修業時代に書いた日記が最近出版された（『五十嵐日記　古書店の原風景』笠間書院）。帳場にいらしたので挨拶するが、孫たちに囲まれてすっかり好々爺然としていた。

次に〈古書現世〉に寄ると、体も器もデカい向井透史さんが店番していた。ジャーナリズムや出版関係に強い店で学生時代から通った。二代目の向井さんになってからは、彼が中心になって「わめぞ」（早稲田・目白・雑司が谷の古本イベント）をはじめている。彼とムダ口を叩きながら、棚を眺めていると楽しい。

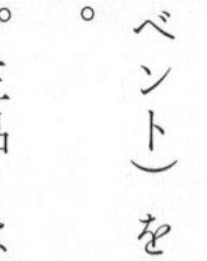

その後、早大南門の手前の〈三品〉で昼食。ココも変わらない。三品とは牛めし、カレー、トンカツ。全部乗せのカツミックスもあるが、ぼくはカツ牛めしを頼む。牛めしに入っている豆腐がなんだかウマいんだよなあ。

大学構内に入ると、新しい校舎はできたものの、全体の景観は変わっていない。大隈重信の銅像の前にある建物は、昔は図書館だった。現在はグランド坂下に図書館が移り、ここは會津八一記念博物館になっている。

その近くの一号館に行ってみる。この地下にはぼくが属していた民俗学研究会の部室があった。ここはもともと教室だったが、一九七〇年代に学生が占拠してベニヤ板で勝手に仕切り、部室として使用していた。ところが、二年生の冬に放火により焼失。焼け跡では本や資料が炭になっ

早稲田松竹。表には次回上映作のポスターが貼られている

古書現世に来ると、かならず面白そうな本が見つかる

三品。学生にも先生にも愛される、早大の顔みたいな店

ており無惨だった。その後、正式に大学から認められて、部室棟となった。

東門から出て、かろうじて喫茶店や定食屋が残っている通りを抜けて、都電荒川線の早稲田停留場へ。道路の中央にあるのは、路面電車では普通だが、専用軌道の多い荒川線では例外的だ。ここから終点の三ノ輪橋まで三十の停留場がある。乗ったり降りたりしながら、終点まで行ってみる。四百円の一日乗車券を買って乗り込んだ。

都電もなかを初めて食べる

東京の路面電車は明治末に公営化され、路線を増やしていった。一九六二年には都電は四十一系統もあり、都心のほぼ全域を網羅していた。しかし、自動車に譲るようにして段階的に廃止され、最後に残ったのが荒川線だ。

荒川線の前身は一九一〇年（明治四十三）に設立された王子電車であり、沿線には桜で有名な飛鳥山や神社仏閣があることなどから発展した。都電廃止の際には、荒川線も廃止される予定だったが、「路面の大部分が専用軌道であったことや、他に適当な代替交通機関がないこと」から廃止を免れた。そして、三ノ輪〜王子間と荒川車庫〜早稲田間の二系統を統合して、現在の荒川線が生まれたという（『都電往来　豊島区と荒川線』豊島区立中央図書館）。

面影橋を過ぎると、電車はぐっと右にカーブする。鬼子母神前で降りる。目の前の鬼子母神通り商店街では、先に触れたわめぞが主催する「みちくさ市」が定期的に開かれており、ぼく

會津八一記念博物館。図書館だった頃にはよく通った

都電荒川線の旅に出発

小倉屋製菓。せんべいをつくっている横で販売している

もよく行っている。この通りから左に入ったところに、廃校になった高田小学校があり、その周りをまわって細い道を歩く。気をつけないと、この辺は自分がどっちの方角に歩いているか判らなくなる。

抜けた先にあるのが、弦巻通《つるまき》だ。古くからある商店街で、〈雑二ストア〉や〈赤丸ベーカリー〉などの店名に歴史を感じる。せんべい屋の〈小倉屋製菓〉は通りに面した店ではなぜか商品を売ってなくて、路地を入った工場で買える。入るとせんべいの匂いに包まれる。醤油味からカレー味、焼きおにぎり味まで種類が多く、値段が安いので、つい買い込んでしまう。お土産にもいい。会計をしてくれた女性に、小さな子どもがまとわりついていた。

この日は「のんき市」という商店街のイベントの初日だったが、雨のため人通りは寂しかった。和雑貨を扱う〈旅猫雑貨店〉を覗き、商店街の端っこにある〈ジャングルブックス〉へ。占いと古本という組み合わせの店で、田波健さんが古本を扱い、奥さんの有希さんが占いをしている。不忍ブックストリートの一箱古本市の常連で、古本屋をやりたいと云うので心配しつつも応援していた。開店から四年経って、地域にも溶け込んでいるようだ。

再び荒川線に乗って、大塚駅前へ。山手線の線路の下を抜けていく。庚申塚で降りると、ホームの上に甘味処と居酒屋が並んでいる。居酒屋の方は〈御代家《みよけ》〉といい、以前入ったことがあるがいい店だった。

さらに進むと、右側に飛鳥山が見えてくる。王子駅前の停留場で降りると、京浜東北線の線路に沿うように飲み屋街がある。数年前に火事があり、電車から半焼した建物が見えた。しかし、いまでも営業している店があるようだ。そこから飛鳥山公園に上がる無料のモノレールがあったので乗ってみる。丸っこいカタチで、「アスカルゴ」という愛称が付けられている。わずか二分で上まで着くが、王子の町が見下ろせて楽しい。すぐ下りに乗って降りる。車内では、王子の近くの滝野川で育った女優・倍賞千恵子のアナウンスが流れていた。

梶原停留場へ。ここのホーム上にも〈梶原書店〉がある。入口で新聞や雑誌を売っているが、店の中には古い文学書や詩集があった。

梶原と云えば、車内広告でよく見かける「都電もなか」を売っている店があるはずだ。停留場を降りて探してみるが、方角が判らない。乳母車を押して歩くおばあさんが、我々の会話を聴いて「あっちだよ」と教えてくれた。商店街の前にある〈明美〉という和菓子屋がそれだった。

都電もなかは、都電のカタチの皮の中に餡が入っている。一本ずつのパッケージも都電の車両を模している。一本買い、店内のベンチに座って食べる。都電もなか以外にもさまざまな和菓子を扱っていて、近所の奥さんが法事の使い物を注文しに来ていた。雨はいつの間にか上がっている。

その二つ先の荒川遊園地で降りる。あらかわ遊園は、浅草の花やしきに匹敵する、ほのぼのした遊園地だと聞いているが、今日は時間がなくて入園できない。その代わりに、遊園地の手前にプールを覗くと、その一角を区切って、ひとり乗りの足こぎのボート（なんという名前なのだろう？）が浮いている。水の中に係のおじさんが立っていて、寒そうだ。全然客がいないので、ジュンちゃんに乗ってもらったが、遠目には小学生がはしゃいでいるように見えた。

通りには駄菓子屋が二軒あり、子どもたちがそこをめざして走っていく。ワンコインでもんじゃやお好み焼きが食べられる店もあり惹かれたが、先を急ぐことにしよう。

ジャングルブックス

半地下みたいな場所にある

飛鳥山へのモノレール

梶原書店。ホームにある
本屋は全国的に珍しいのでは

宮ノ前で降りて裏の方に入っていくと、熊野前の商店街に出る。この商店街について、二〇〇九年に書いた文章があるので引用する。

シブい商店街を歩く

尾久《おぐ》銀座と熊野前商店街。二つの商店街は小さな道を挟んでつながっており、その全長は八百メートルもある。アーケードは両方ともなく、道の両側に店が並ぶ。スーパーは二店だけあるが、それ以外は個人経営の店ばかりだ。

二〇〇八年三月に日暮里・舎人ライナーが開通するまでは、都電荒川線の熊野前駅が近くにあるだけで、JR尾久《おく》駅はかなり遠い。決して交通の便がいいとは云えないこの場所に、どうしてこれだけ長い商店街が存在しているのだろうか？

「ああ、そりゃねえ、昔この近くに温泉があったんだよ」と、たまたま入ったせんべい屋のおじさんが教えてくれた。お、おんせん〜？　聞いたことナイよ！

図書館で調べてみると、たしかに尾久に温泉はあった。一九一四年（大正三）に碩運寺の住職がラジウム鉱泉を発見し、〈寺の湯〉を開いた。その付近に温泉旅館や料理屋が立ち並び、芸者や待合などのある花街に発展した。前年に王子電車（現在の都電荒川線）が開通したこともあり、この辺りは大繁盛、関東大震災の頃には三百五十軒あまりを擁する商店街が形成されたという。

ついでに云えば、尾久の花街はあの阿部定事件の現場でもあった。一九三六年（昭和十一）、阿部定は〈まさき〉という待合に愛人と一週間泊まり、彼を絞殺しイチモツを切り取って逃走した。なんてディープな街なんだろう、尾久は。

そんな歴史をひもといてから、改めて商店街を歩くと、どことなく「粋」な感じがしないでもない。だいたい、この通りにはやたらと洋品店、それも女性向けの店がやたらと多いのだ。数えてみたら二十軒近くあった。店名も〈ミラノ〉〈まどか〉〈リーベ〉〈ノレック〉〈ハルミ〉と一昔前のハイカラ風味がたっぷり。外からは同じような品揃えにしか見えないが、それぞれの店に常連客がついているのだろうか？

喫茶店もイイ。七十六年前に創業したという〈高橋屋〉は、もとは甘味処だったようで、あんみつや氷類の種類がたくさんある。「氷クリームグレープ」を頼んでみると、山盛りの氷にグレープジュースがたっぷりとかかっていた。店内にはコーヒーを飲みながら女の子の品定めをする若い男たちがいたり、ラーメンとカレーを分け合って食べる母子がいたり。云わば下町のファミレス的な店なのだ。

二つの商店街のなかほどにある喫茶〈たうん〉は、地元のおばさんたちの社交場らしく、店のヨコには何台も自転車が止まっている。八百円のハンバーガーセットは肉がジューシーで、濃い目のコーヒーがとても合う。

いちばん気に入ったのは、〈泉〉だ。先の二店と比べると、こちらはいかにも「純喫茶」という感じで威厳がある。おそらく昭和三十年代に開店したときのママだと思われる内装は、一つの席ごとに仕切りがある。ひょっとして、以前は名曲喫茶だったのではないか。ぼくが訪れたときには客の姿はなく、おじいさんの店主がゆっくりとこちらにやって来る。なんどか注文を聞き返して、またゆっくりと厨房に帰っていった。外からの音は入ってこず、店主がコーヒーを入れるかすかな音が聞こえるだけ。この店なら何時間でも座って、本を読めそうだ。

夕方五時ごろになったとたん、晩御飯の材料を求める客で通りが賑やかになる。昼間は眠っていた商店街が目覚める時間だ。

入り口に台を出して、モツを焼いているおばあさんがいた。そのヨコには三、四人座れば一杯になるカウンターがある。〈瓢太郎〉という店だ。シロやカシラを焼いてもらい、ハイボールを飲む。壁を眺めると、川柳らしきものを書いた紙が貼ってある。「評論家気取り花咲き縄のれん」「王様の椅子が待ってる酒場の灯」……。ことし八十五歳になるご主人の作だという。常連はコレを眺めつつ、他愛もない会話を交わすのだろう。ちなみに、シロはちょっと固くて噛み切れなかった。
最後はそばでシメようと、〈朝日屋〉に入って戸惑う。そば屋にしては、「桶カレーライス」「ジャンボギョーザ」などがあり、セットメニューも膨大。それらがさまざまなサイズの手書きで、壁を埋め尽くす勢いで掲示されているのだ。なぜか、「今日のおすすめ」がいちばん小さな文字で書かれているのが、オモシロイ。長居する客が多いのか、「2時間おきにて精算をお願いします」という貼り紙も。居酒屋みたいなそば屋なのだ。歩き回ったあとに食べる冷やしたぬきそばは、さわやかな味だった。
通りで見かける人は六十〜七十代が多く、活気のある商店街とは云いがたい。でも、歩いてみると、ひとつひとつの店に歴史があり、味がある。熟した柿のようなシブさがたまらない。この商店街で一日遊べるようになったら、それはオトナの印、なのかもしれない。

（ミーツ・リージョナル別冊『東京通本』）

その後もときどき訪れていたが、しばらくご無沙汰していた。今回歩いてみると、やや店の数が減ったようだが、それでもがんばっていると思う。ただ、もつ焼きの〈瓢太郎〉だけは看板を探しても見つからなかった。

三ノ輪橋の終点まで

いよいよ終点も目前。隣の町屋で降りる。この町にはいい飲み屋や定食屋があり、ときどきやって来る。

さっき入った熊野前の雑貨屋さんで、「町屋に新しい店ができましたよ」と教えてもらったので、行ってみる。尾竹橋通を隅田川の方へ歩き、さらに住宅街の方に入り込んだ一角に〈懸巣《かけす》工房喫茶室〉という看板が出ており、その奥の一軒家が店だった。

玄関で靴を脱いで上がると、中は普通の住宅の間取り。その一部屋ずつにテーブルを置いている。どの部屋でもいいというので、本棚のある部屋にする。コーヒーは濃くておいしい。店

熊野前の朝日屋

町屋の小林

三ノ輪橋商店街

ついに終点。半日がかりの小旅行だった

の女性に聞くと、今年二月にオープンしたという。朝九時から営業しているというので、朝の散歩でここまで遠出してみようか。

駅の方に戻り、勝手知ったる細道を抜けると、もつ焼きの〈小林〉がある。やってないかなと不安だったが、看板に明かりがついていた。引き戸を開けると、いままで見たことのないほど多くの客がいるのでびっくりする。その中には知り合いのライター・栗原裕一郎さんの一行もいた。近所でもんじゃ焼きを食べたあと、この店に初めて入ったのだという。

この店のご主人はしばらく前に怪我をして、療養していた。その間は開店時間がまちまちだったが、無事復帰されていた。奥さんだけでなく、小学生の娘さんも手伝っていて、活気がある。ここの煮込みは串になっていて、同じ鍋でつくったゆで卵がうまい。ついでに、そのスープで食べるラーメンも。ぼくがまず頼むのはマカロニサラダで、酸味が少し効いている。ああ、やっぱり小林はイイなあ。

このまま、もうここに腰を落ち着けたい気分だったが、電車に乗って終点の三ノ輪橋電停へ。ホームを降りると、日光街道に抜ける細い道に三ノ輪橋商店街がある。表に回ると、このアーケードが建物の下にあるのが判る。一九二七年（昭和二）に建てられた〈王電ビル〉だ。王子電車の名残りがここにもある。いまは、一階に立ち食いそば屋が入り、二階は写真館になっている。

もう八時ちかい。そろそろ店を閉めはじめたジョイフル三ノ輪商店街を歩き、明治通に出る。大関横丁のバス停の前に、〈ｕｎｄｏ（運動）〉というギャラリーがある。元は自転車屋だったという建物を、自分たちでリノベーションして今年五月に始めた。この日は写真の展示をしていて、その関係者らしい人たちがテーブルに座って飲んでいる。下町中の下町というイメージがある三ノ輪に、こんな空間ができたのが面白い。

駆け足で回った都電荒川線めぐりも、これにて終了。日比谷線・三ノ輪駅の前で解散する。久しぶりに〈中ざと〉でチューハイ飲もうかと思ったら、もうのれんが仕舞われている。ウチに帰ってもう一杯飲むことにして、池袋方面のバスを待った。

おわりに

「シルクロードじゃなくて、ナンダロードですね、これは」

新潟を訪れたとき、メモ代わりに行った場所についてツイッターでつぶやいているのを見て、北書店の佐藤雄一さんはそう云ってくれました。

貧乏性がなせるわざなのでしょうか。東京の自宅にいるときには周囲一キロ四方で同じような日々を送っているだけなのに、旅に出ると突然アクティブになるようです。地元の人に「なんで一日でこんなに回れるんだ」と呆れられることもしばしばです。

いろんな町に行ったときに残したメモや、買った本や雑誌、手にした地図などを眺めているうちに、「ナンダロード」の行程をまとめておくのもいいかもしれないと思い立ちました。本書は書下ろしですが、一部は、『雲遊天下』『コンフォルト』などに載せた文章を大幅に書き改めています。

資料や写真を眺めて、過去の旅を再構成していくと、旅行しているときの浮かれた気分が蘇ってきます。地元に暮らす人と、外から訪れるぼくでは、その町の受け取り方は当然異なるはずです。だから、あまり判ったふりはせずに、感じたままを書くようにしました。

もっとも、楽しく、暢気なだけの本にならなかったのには、やはり、東日本大震災以後の状況が関わっています。ぼく自身、それまで関わってきたブックイベントから、石巻を中心に「本のあるコミュニティ・スペース」のあり方を考えるようになりました。その点では、図らずも二〇〇九年に出した『一箱古本市の歩きかた』(光文社新書)の続篇的な内容にもなりました。

本書に載せた写真は、ぼくがデジタルカメラやスマートフォンで撮影したものです。素人のスナップ写真を、デザイナーの新井大輔さんが本文やイラストに合わせて的確に配置してくれました。

イラストは、元〈ジュンク堂書店〉仙台ロフト店の佐藤純子さんにお願いしました（すぐれた書店員である彼女に「元」が付くことになったのは残念です）。彼女が出すフリーペーパー『月刊佐藤純子』そのままに、楽しいイラストを描いてくれました。もっとも、似顔絵が本人に似ているかは保証できません。

産業編集センターの松本貴子さんは、各章の原稿を送るたびに面白がってくれ、怠け者のぼくを機嫌よく働かせてくれました。津への旅では、実家にまで泊めていただきました。そのとき元気に迎えてくださったお母様の美智子さんが、昨年十二月に急逝されたことはぼくにとってもショックでした。ご冥福をお祈りします。

こんな旅を可能にしてくれたのは、それぞれの町でぼくを受け入れ、案内してくれた人たちがいたからです。そこに行けば一緒に飲んで本の話ができる友人たちがいるという安心感があるから、次の旅ができました。少ない予算を割いてイベントのゲストに呼んでくれている方々には、足を向けて眠れません。「出世払い」でお返ししたかったのですが、とても無理そうなのでいまから謝っておきます。

本に導かれて、本に守られて、ときには本の重みに耐えかねて、どうにか、これまでやってきました。これからも、本との縁は続くでしょう。本があれば、もっと遠くまで行ける。そんな気がしています。

二〇一五年三月十五日　十五年ぶりに引っ越した田端にて

南陀楼綾繁

南陀楼綾繁

ナンダロウアヤシゲ

1967年島根県出雲市生まれ。ライター、編集者。

早稲田大学第一文学部卒業。明治大学大学院修士課程修了。

古本、新刊、図書館、ミニコミなど、本に関することならなんでも追いかける。

1997年から2005年まで、編集スタッフとして「本とコンピュータ」編集室に在籍。

谷中・根津・千駄木で一箱古本市を開催する「不忍ブックストリート」代表。

「一箱本送り隊」呼びかけ人。

近著に『谷根千ちいさなお店散歩』（WAVE出版）、

『小説検定』（新潮社）がある。

ほんほん
本の旅あるき

2015年4月28日　第1刷発行

南陀楼綾繁
著

発行
株式会社産業編集センター
〒112-0011　東京都文京区千石4丁目39番17号
TEL 03-5395-6133 FAX 03-5395-5320

印刷・製本
株式会社東京印書館

ISBN978-4-86311-112-7　C0095